Socialt arbete i kyrklig regi – vad, hur och varför?

KENNERT ORLENIUS

Socialt arbete
i kyrklig regi
– vad, hur och varför?

FSC
www.fsc.org
MIX
Papper från
ansvarsfulla källor
Paper from
responsible sources
FSC® C105338

Upplaga 2

Illustration: Kennert Orlenius
Foto (framsida): Jessica Orlenius

Förlag: BoD · Books on Demand, Stockholm, Sverige
Tryck: Libri Plureos GmbH, Hamburg, Tyskland

ISBN: 978-91-8080-110-2

INNEHÅLLSFÖRTECKNING

Bakgrund, motiv och syfte

Socialt hållbart samhälle?

Sociala frågor har under de senaste åren blivit alltmer uppmärksammade. Inom den offentliga sektorn talas gärna i högtidstal och styrdokument om vikten av socialt hållbart samhälle. Vissa politiker pekar på skillnaderna i ekonomiska villkor: Sverige är ett av de EU-länder som har störst skillnad mellan inrikes och utrikes födda personer när det gäller materiell och social fattigdom. Skillnader mellan rika och fattiga har eskalerat under det senaste decenniet. Andra politiker påpekar istället exempelvis att andelen person över 16 år som lever i nämnda fattigdom är lägst bland EU-länderna. Det kan dock konstateras att under 2021 levde drygt tre procent av personer 16 år och äldre i materiell och social fattigdom i Sverige (så kallad materiell och social deprivation), vilket motsvarar ungefär 300 000 personer.[1] Men det bör då noteras att det är sju gånger vanligare bland utrikes födda än inrikes födda i Sverige. Under 2021 saknade 43 procent av utrikes födda kontantmarginal, motsvarande andel för inrikes födda var 11 procent (SCB 2022). Om dessa förhållanden ska betraktas som acceptabla är en fråga

---

[1] *Materiell och social deprivation* handlar om att inte ha råd med utgifterna för minst fem av tretton utpekade poster. Det gäller exempelvis att inte kunna betala för oförutsedda utgifter, tillräcklig uppvärmning av bostaden eller delta i sociala aktiviteter som kostar pengar.

om värderingar. De flesta som är involverade i socialt arbete i civilsamhället kan konstatera att något har hänt de senaste åren. Personer som lever i en livssituation med tuffa marginaler för att klara sitt uppehälle med låg levnadsstandard har blivit allt fler, vilket blivit särskilt tydligt från år 2023. Situationen har succesivt förvärrats för många. Allt fler söker sig till organisationer som erbjuder gratis frukost (eller till låg kostnad), matkassar, köp av billiga matvaror och kläder etcetera. I Stadsmissionens rapport (2023) konstateras bland annat följande:

> Allt fler människor med långvarigt försörjningsstöd kommer också för hjälp och det är även den största gruppen. Detta stöd är avsett att vara tillfälligt för människor i kris. Vad gör samhället när stödet blir långvarigt? Antalet icke-mottagare som besöker Stadsmissionen ökar också. Vi efterlyser forskning om varför det offentliga samhället inte når dem (s. 3).

Det som inledningsvis här har nämnts väcker frågor, om exempelvis kommunens respektive civilsamhällets roll och ansvar: ekonomiska förutsättningar och samarbete, delaktighet och stöd. Inte sällan uttrycker kommunpolitiker att "vi klarar inte utmaningarna i samhället utan civilsamhällets stöd". Samtidigt uttrycker exempelvis föreningsrepresentanter ibland besvikelse över njugghet och oförståelse för föreningslivets villkor. I vilka former är någon form av stöd för insatser önskvärda och rimliga? Ska det ske i form av samverkan (formell arbetsfördelning), samarbete (där man aktivt gör något tillsammans) eller i form av medskapande (där man skapar och utvecklar samt tillsammans påverkar sociala insatser och stöd)?

Föreningslivets roll?

Föreningslivet utgör en del av civilsamhället och numera benämns ofta föreningar som idéburna organisationer. Kännetecknande för sådana organisationer är att de är baserade på idéer, det vill säga att de är värdeorienterade – till skillnad från det som gäller i kommunerna: mål- och resultatorientering (en styrningsfilosofi som i sin tur har rötter i näringslivet). En utmaning för förenings-livet är att det som kännetecknat folkrörelsen historiskt – att vara en röst för social och demokratisk utveckling – alltmer tenderat att övergå i en funktion som serviceorgan och därmed delvis överta det kommunala ansvaret för sina medborgare. Å ena sidan är grunden i föreningslivet i hög grad baserad på allmänmänskliga värden och idealitet, å andra sidan finns en utveckling inom föreningsliv med alltmer fokus på aktiviteter och tydliga resultat, inte minst gäller det engagemang i kyrklig regi. Bilden på bokens framsida illustrerar att även om vägen är relativt rak uppdagas det ibland att man måste göra vägval. Terrängen runt omkring kan också vara ganska snårig och det gäller att man håller rätt kurs för att ta sig fram till målet.

I takt med svårigheter att rekrytera ledare och volontärer och samtidigt bygga upp institutionell verksamhet ställs krav på extern finansiering för anställd personal. Exempelvis Stadsmission har cirka 1300 anställda fördelade på flera platser i landet. Frälsningsarmén är ett starkt varumärke och når genom sin verksamhet långt utöver de drygt 4000 medlemmarna i Sverige. Rörelsen är internationellt spridd i mer än 130 länder men är idag det minsta frikyrkosamfundet i Sverige. Det enorma sociala arbetet visar sig bland annat i nästan 90 000 vårddygn i rörelsens institutioner (akutboende, stödboende, ungdomsboende och kvinnoboende). Vad är då problemen?

Det finns tendenser till att behovet av anställd personal ökar och den ideella dimensionen minskar. Vissa forskare varnar för en ökad professionalisering som kan leda till erodering av värdeorienteringen och frivilligheten, och att föreningar därmed blir alltmer aktivitetsorienterade snarare än idé- och värdeorienterade. Ett annat problem gäller svårigheten att rekrytera nya medlemmar till många föreningar. "Alla älskar Frälsningsarmén – men ingen vill vara med" konstaterade en officer inom Frälsningsarmén (Tidningen Dagen 210910). Medlemsutvecklingen pekar nedåt och medelåldern uppåt. Det gäller många föreningar, inkluderat kyrkor. Medlemsutvecklingen är *en* utmaning. En annan fråga gäller det sociala engagemanget och dess förankring i kyrkans verksamhet som helhet. Hur förenas och inryms socialt engagemang i andlig verksamhet? Ytterligare en utmaning gäller frågan om medarbetares delaktighet och ledning av verksamhet. Hur utvecklas verksamheten i form av lagarbetet för att inte bli sårbar, vilande på någon eller några få eldsjälar? Ju fler medarbetare, desto större vikt av tydlig organisation och rutiner – och ledarskap. Och hur undviks att verksamhet inte utvecklas till "värksamhet"?

Det som beskrivits ovan är bakgrund och motiv för att publicera denna bok. Den sätter fokus på socialt arbete i kyrklig regi. Det finns inget som tyder på att kyrkans roll som partner för social hållbar samhällsutveckling kommer att minska. Tvärtom. När andra ropar på hårda tag och enbart betonar individens eget ansvar kan kyrkan vara en annan och viktig röst för att skapa ett mer socialt hållbart samhälle och bättre livsmiljö för alla.

Bokens struktur och innehåll

I **kapitel 1** tas utgångspunkten i en kort historisk översikt om socialt arbete inom Frälsningsarmén och Pingströrelsen. I båda organisationerna finns en stark tradition med inriktning mot sociala insatser. Hur socialt arbete i kyrklig regi bedrivs exemplifieras utifrån några verksamheter med koppling till kyrkor i Göteborgsområdet. Två av dem är lokalt förankrade i en specifik församling medan den tredje drivs mer fristående på ekumenisk grund med många församlingar som huvudmän. Verksamheterna handlar om människors behov av särskilt stöd när det gäller materiella, sociala och existentiella behov. Fokus riktas här främst på hur kyrkorna hjälper människor med mat för dagen. Tre olika former av inriktningar och verksamhetsområden beskrivs: Manna och DreamCenter, som är knutet till Frihamnskyrkan i Göteborg (pingstkyrka), Light, knutet till pingstkyrkan i Mölndal samt Räddningsmissionen i Göteborg, en verksamhet på ekumenisk grund. I kapitlet beskrivs bland annat verksamhetsformer och inriktning, organisation och ledning, ledarskapets betydelse och medarbetares delaktighet med mera. Verksamhetens koppling till kyrkans tro och gudstjänstliv belyses också.

Kapitel 2 inleds med en beskrivning av civilsamhället som aktör i samhället. En historisk exposé ger en ram för att få perspektiv på dagens förhållanden. Frågan om bidrag och stöd från den offentliga sektorn diskuteras. Villkor och förutsättningar för samverkan exemplifieras. Likheter och skillnader i ansvar och uppdrag för föreningslivet och kommunen belyses liksom olika former av samverkan och utmaningar. En utmaning gäller föreningslivets ekonomiska beroende och å andra sidan bevarandet av oberoende som organisation i samband med kommunala bidrag och stöd.

I **kapitel 3** belyses frågan om grunder för socialt inriktad verksamhet i kyrklig regi. I många sammanhang – inte minst i politiska – brukar verksamhetens värdegrund betonas. Kapitlet inleds med att kritiskt granska innebörden av begreppet värdegrund i teori och praktik. En central aspekt knuten till det begreppet är frågan om människosyn och människovärde, vilket exemplifieras från dåtid och i nutid. Mot den bakgrunden ställs frågan om motiv för socialt arbete i kyrklig regi. Vad är kyrkans värdegrund i dessa sammanhang? Vad är motiven för att bedriva socialt arbete på kristen grund? Ska det sociala arbetet ses som kärnverksamhet eller en kompletterande sidoverksamhet? Flera exempel från Bibeln anförs som grund för socialt inriktade insatser.

Kapitel 4 kan ses som en form av sammanfattning av erfarenheter, förutsättningar och utmaningar som belysts i de föregående kapitlen. Här sker en fördjupad diskussion av frågor som tidigare redovisats mer översiktligt. Relationen mellan civilsamhällets princip om oberoende och den offentliga sektorns (kommunens) stöd i form av verksamhetsbidrag diskuteras. En utmaning i samverkan med det offentliga är synen på religionens roll i ett sekulariserat samhälle liksom välfärdssamhällets kris och dess konsekvenser för civilsamhället. Vidare belyses kulturella utmaningar och organisationskulturens innebörd och betydelse. Här lyfts även fram frågor om ledning och styrning i verksamheten. Motiv för ideellt arbete redovisas samt frågor om rekrytering av volontärer och informationsspridning exemplifieras och diskuteras. Vad motiverar medarbetare att göra volontära insatser? Avslutningsvis behandlas en inomkyrklig fråga: hur kan social verksamhet inrymmas i en verksamhet med fokus på andlighet?

Vilken betydelse och vilka effekter har social verksamhet i kyrklig regi? I **kapitel 5** diskuteras det ökade intresset för mätbara resultat i föreningslivet, inte minst i ljuset av alltmer nära samverkan med stöd och bidrag från den offentliga sektorn. Vilka metoder kan användas och i vilket syfte? Exempel ges från verksamheter som beskrivits i det första kapitlet.

Sammanfattningsvis betyder det att boken inleds med ett kapitel som översiktligt beskriver hur socialt arbete utvecklats inom kyrklig verksamhet samt nutida exempel från Göteborgsområdet på olika former av kyrklig verksamhet för att stödja människor i behov av särskilt stöd. Därefter kommer ett kapitel om sådan verksamhet och dess koppling till samhälleliga förutsättningar och den offentliga sektorn. Den tredje delen väcker frågan om den teologiska grunden för socialt arbete i kyrklig regi och den fjärde delen lyfter fram en rad utmaningar knutna till sådan verksamhet. Den sista kapitlet riktar fokus mot effekter av sådan verksamhet. Avslutningsvis görs en resumé i form av några personliga reflektioner till dig som läsare.

Bokens syfte är att belysa erfarenheter av sociala insatser och förutsättningar för socialt arbete i kyrklig regi, med särskilt fokus på materiella och sociala behov hos personer som är i stort behov av sådant stöd. Boken ska *inte* ses som en handbok hur sådant arbete ska organiseras och utformas. Däremot ska den förhoppningsvis bidra till både förståelse och vidgade perspektiv för de som arbetar och är delaktiga i sådan här verksamhet. En utgångspunkt är att det lokala arbetets förutsättningar och villkor är unikt och inte bör eller kan plagieras. Andras erfarenheter och forskning kan dock medverka till utveckling i den egna verksamheten. Boken ska bidra till att stimulera och motivera socialt arbete i kyrklig regi men också peka på en rad utmaningar i sådan verksamhet.

Målgruppen för innehållet i boken är främst de som leder och ansvarar för denna typ av verksamhet i kyrklig regi samt medarbetare i form av anställning eller volontära insatser.[2] Förhoppningsvis kan innehållet även ge insikter för personer utanför kyrkans väggar som är involverade i någon form av samverkan eller intresserade av socialt inriktad verksamhet i kyrklig regi. Det finns en del referenser och kopplingar till forskning för att underbygga resonemang och synpunkter men fokus ligger på praktiken och dess villkor och förutsättningar. Det är praktiken som är komplex. Teorier är förenklingar av verkligheten men behövs för att kunna förstå och kommunicera det komplexa. Innehållet har inte ambitionen att betraktas som en vetenskaplig publikation (baserat på gängse kriterier för sådan verksamhet) men resonemang och synpunkter i texten är i flera sammanhang underbyggda utifrån forskningsstudier.

---

[2] Innebörden av att arbeta som volontär kan definieras på olika sätt. I Louis A. Penners studie (2002) anges följande: volonärt arbete bygger på vissa reguljära insatser över tid (inte punktinsatser), insatser som är planerade (inte slumpmässigt påkomna), eget frivilligt beslut (inte beroende av andras förväntningar eller nära relationer) och ingår oftast i ett organiserat sammanhang (inte baserat på tillfälliga (temporära) relationer).

Författarpresentation:

För att kunna bedöma och förstå bakgrunden till innehållet i en text kan det vara värdefullt att ha lite insikt om författarens perspektivval och utgångspunkter. En central faktor har varit min roll som samordnare i en av de verksamheter som beskrivs i boken, Lightverksamheten, och mitt kyrkliga engagemang. I det avseendet kan sägas att jag är "part i målet". En annan faktor är min erfarenhet av mångårig forskning och utvecklingsarbete som rör skola och samhälle. I det sammanhanget har jag varit inriktad mot värdefrågor och yrkesetik, och har under det senaste decenniet haft särskilt fokus på kommunalt utvecklingsarbete om sociala hållbarhetsfrågor och föreningslivets roll. Under ett antal år var jag aktiv ledamot i Region Västra Götalands Forskningsråd för interkulturell dialog, som representant för Högskolan i Borås där jag var professor i pedagogiskt arbete under ett decennium till år 2022.

Min doktorsavhandling (1999) hade huvudrubriken "Förståelsens paradox". Det tillsynes självklara och enkla är ofta komplext och ofta behöver man gräva lite djupare för att förstå. Samtidigt lär en filosof för ett par tusen år sedan hävdat att "ju mer man vet, desto mer inser man hur lite man vet". Det kan vara värt att ha det i baktanke även när man läser denna bok. I den sista delen, Referenser, anges exempel på mina tidigare publikationer med relevans för innehållet i denna bok.

KAPITEL 1

Socialt arbete i kyrklig regi

Frälsningsarmén – en plattform

Ett ökat intresse och engagemang för socialt arbete i kyrklig regi är relaterat till samhällsutveckling men också kyrkans egen historia. En beskrivning av dagens sociala arbete i kyrklig regi kan lämpligen inledas med en kort beskrivning av Frälsningsarméns historia och dess betydelse för kyrkors sociala insatser under 1900-talet och tills idag. Frikyrklig verksamhet i betydelsen väckelserörelser i Sverige hade bildats redan i mitten av 1800-talet. Det fanns tidigt kopplingar till arbetarrörelsen och nykterhetsrörelsen, men det sociala arbetets betydelse och dignitet i kyrklig verksamhet blev mer påtagligt i samband med Frälsningsarméns intåg i Sverige.

Frälsningsarmén bildades i Sverige år 1882. Med förebild från verksamhet i Londons slumkvarter etablerades slumsystrarna, en insats för hjälp och stöd till de allra fattigaste i samhället. I början av 1890-talet startade Hanna Ouchterlony upp denna slum- och räddningsverksamhet riktad till kvinnor. Ett hem för "fallna" kvinnor ordnades i en femrumslägenhet och strax därefter etablerades även en slumstation på Söder i Stockholm, vilket var ett slags center dit hjälpsökande kunde vända sig. Vid samma tidpunkt publicerade William Booth boken "*In Darkest England and the Way Out*", en bok som kom att bli vägledande för Frälsningsarméns sociala arbete i många länder. Boken är en ideologisk skrift som pekar ut hur samhället borde förändras genom olika insatser för rättvisa och bättre livsvillkor för alla. William Booth jämfördes med aktörer som arbetade för rättvisa och mer jämlikhet och fick frågan om han vara socialist. "I'm a Socialist, a Salvation Socialist, and always have been" blev svaret. Frälsningsarmén utvecklades från att ha varit en ren evangelisk väckelserörelse till att bli en social aktör i det engelska samhället (Bååth 2018).

Frälsningsarmén har under åren som följt hyllats i många länder för sina stora sociala insatser. Insamlingar på gator och torg har varit framgångsrika. Det kan dock noteras att kampen för att hjälpa personer med alkoholmissbruk, utsatta kvinnor, hemlöshet och arbetslöshet var tuff för William Booth och hans frälsningssoldater. Mer än 600 skadades i överfall under år 1882 (varav 1/3 var kvinnor och några barn). Han mötte motstånd både från kyrkligt håll, näringsidkare och media. När han dog (1912) begravdes han dock under nästan statsmannalika former. The Salvation Army hade då spridits till nästan 60 länder och kolonier. Idag finns Frälsningsarmén i cirka 130 länder.

I Sverige är det socialt inriktade arbetet omfattande och bedrivs numera vid ett 40-tal kårer. Exempel på stöd och bidrag (2023) är presentkort i matbutiker, annan ekonomisk hjälp, klädutdelning eller rekvisition till Myrorna vid drygt 60 000 tillfällen. Vid mer än 146 000 tillfällen har mat eller fika serverats vid Frälsningsarméns kårer under år 2023. 88 000 vårddygn på institutionerna för akut boende, stödboende, ungdoms boende och skyddsboende har varit ett viktigt stöd till människor i stort behov av hjälp. Drygt 180 miljoner kronor har tagits emot i form av gåvor till verksamheterna (Frälsningsarmén 2024). I Göteborg finns Lilla Bommen (akutboende), Nylösegården (stödboende) och Slussen (motivationsboende). Antalet anställda inom Frälsningsarmén i Sverige (omvandlat till heltidstjänster) är cirka 750 personer (varav 2/3 är kvinnor).

Som angetts inledningsvis är Frälsningsarmén det minsta av de traditionella, frikyrkliga samfunden i Sverige. Ett sätt att beskriva verksamheten är att Frälsningsarmén är ett starkt "varumärke" men lockar få nya medlemmar. Dess historia, utveckling och konkreta insatser har varit en plattform, både vägledande och inspirerande för socialt engagemang i andra samfund, inte minst inom Pingströrelsen.

Pingströrelsen – bygger vidare

"Gud har i sin nåd vårdat sig även om denna gren av församlingens verksamhet så att vi kan fortsätta även denna vinter som förut". Citatet är hämtat från Evangelii Härold,[3] ett av de första numren (5 januari 1916), innehållande bland annat en artikel om Filadelfiaförsamlingens Räddningsmission i Stockholm och undertecknad av Lewi Petrus. Församlingen bedrev redan då "Frihärberget för husvilla män" där det serverades varm mjölk och vetebröd. Utdelning av potatis hade skett under vintern till fattiga familjer och ambitionen var hög: "Även hoppas vi att så ofta det

---

[3] Tidningen utkom en gång/vecka (torsdagar) och prenumerationspriset för helår var då 1:60 kr. Första numret utkom 9 dec 1915 och utgavs av Filadelfia, Stockholm. Tidningen lades ned 1993.

är möjligt, bjuda de arbetslösa på en enkel måltid. Allt är naturligtvis gratis". Läsarna uppmanades att skicka pengar och lämna gåvor in natura.

Verksamheten fortsatte och expanderade. I samband med kristider under 1930-talet gjordes en rad insatser. Under rubriken "Nöden i Stockholm" i nr 4/1933 (26 jan) skriver Lewi Petrus att 450 personer dagligen fick mat. "De äro hungriga så det förslår, och maten är god enligt deras eget omdöme. De äta i allmänhet flera portioner". Det berättas också att "Omkring 175 kg potatis per dag förbrukades [föregående år] för utspisning och dessutom tusentals kilo för utdelning. Även kläder förbrukas i stor mängd" (EH 1933/nr 12). Potatis levererades in natura från andra delar av landet. Det bjöds också på mat i en del hem och logements-fartyget Arken hade inköpts för 12 000 kr. Fartyget utgjorde natt-logi för 60 hemlösa män.

Av församlingens insamlade medel under 1932 (560 000 kr) hade 90 000 kr gått till den filantropiska verksamheten – en verksamhet som "Gud på ett särskilt sätt välsignat". Vid årsmötet berättades att mycket mat hade delats ut till fattiga liksom kläder till barn och äldre men också ekonomisk hjälp i form av hyresbidrag. Inför julen delades även ut 200 påsar med främst matvaror till behövande församlingsmedlemmar. Under julen hade flera fester anordnats med stor utdelning av matvaror och kläder. Vid en av dem deltog 500 personer, vid ett annat tillfälle 100 barn. Sammantaget visar källorna att verksamheten utgjorde en central och starkt integrerad del i kyrkans verksamhet, väl förankrad i församlingsledningen med Lewi Petrus som viktig motor. De ekonomiska egeninsatserna som gjordes år 1932 motsvarar cirka tre miljoner i dagens penningvärde.

Lewi Petrus, som var en stark, driftig ledare och känd för sina kraftfulla predikningar, förenade i sitt engagemang både kroppsliga, själsliga och andliga behov. Den materiella och sociala delen var minst lika viktig som den andliga. Det visade sig också senare i grundandet av "Lewi Petrus stiftelse för filantropisk verksamhet", LP-stiftelsen i dagligt tal, tillsammans med Erik Edin.

År 1956 hade Lewi Petrus startat lobbyorganisationen, Kristet Samhällsansvar (KSA). Det var en ekumenisk grupp som satte fokus på kyrkans roll i samhället och utgjorde plattformen för starten 1964 av det politiska partiet, Kristen Demokratisk Samling – numera Kristdemokraterna. Petrus samhällsengagemang mynnade också ut i bildandet av LP-stiftelsen år 1959, en stor verksamhet med fokus på hjälp och stöd åt personer med missbruk av droger. Verksamheten visade på mycket goda resultat men ekonomin höll inte och verksamheten gick i konkurs år 1997. Efter rekonstruktion har den levt vidare och olika typer av sociala center finns numera på ett 60-tal platser i landet, bland annat i Göteborg.

Syftet med ovanstående redogörelse för socialt arbete i kyrklig regi är att ge några historiska bilder av hur tidigare insatser och engagemang haft betydelse för uppkomst och utveckling under senare tid. Intresset för sociala insatser och sociala center i kyrklig regi uppstår inte i ett vakuum. Det är relaterat till både inomkyrklig historia och aktuella samhällsförändringar. Här beskrivs fortsättningsvis tre olika exempel från Göteborgsområdet om hur socialt arbete i kyrklig regi kan organiseras, verksamhetsområdes olika inriktning och form men också lokala förutsättningar.

Manna och DreamCenter i Göteborg

Kön var lång utanför Smyrnakyrkan i Göteborg för några år sedan. Många i Göteborg hade välkomnat och "öppnat sina dörrar" för de som flytt från krig och oro i Mellanöstern år 2015. Ansvariga med diakonala uppgifter i Smyrnakyrkan blev liksom många andra i staden medvetna om behoven och insåg att man ville bidra – men hur? Några ungdomar väckte frågan om att göra en insats och önskade bidra, och så startades upp en verksamhet, kallad Manna, som innebar utdelning av matkassar till behövande. Initiativtagarna fick stöd för sitt initiativ. Det började i liten skala men snart blev kön lång och även viss oro uppstod emellanåt i köbildningen utanför kyrkan. Förändringar behövdes.

Verksamhetsformer

Det har gått några år sedan uppstarten, förändringar har skett över tid men Manna-verksamheten består. Den stora tillströmningen har reglerats. Efter ansökan och behovsprövning beviljas numera varje person möjlighet att hämta matkassar en gång i veckan under en sexmånadersperiod. Tre dagar i veckan (tisdag-torsdag) sker avhämtning av varorna, totalt 150-200 personer beviljas per period. I praktiken betyder det att ett femtiotal personer brukar komma en dag i veckan utifrån ett uppgjort tidsschema. Några personer hämtar sina varor under en fast eftermiddagstid (ca 15 min), och sedan kommer nästa grupp osv. Det betyder att personalen som tjänstgör i lugn och ro hinner prata lite kort med de som kommer och att alla kan bli positivt bemötta. Om någon eller några inte hämtar sina matkassar kan de erbjudas till andra som inte är registrerade. Uppehåll i verksamheten görs under två månader under sommaren samt två-tre veckor vid årsskiftet (jul/nyår).

Målgrupp

Målgruppen består främst personer med missbruksproblem och beroende vilket ofta också är kopplat till psykisk ohälsa och fysiska problem. Målgruppen är generellt sett alla de som faller utanför välfärdssamhällets skyddsnät och lever på snäva ekonomiska marginaler. En inkomstprövning görs innan ett beviljande av mat-hjälp kan ske.

Organisation och ledning

Vid varje tillfälle för matutdelning finns en utsedd arbetsledare. Två pastorer samt två diakoner har under senare år delat på ansvaret att leda verksamheten inom ramen för sin tjänst. Totalt har de anställdas arbetsinsats motsvarat drygt en heltidstjänst, men ingen strikt procentandel per person för uppdraget har varit överenskommen. Under de fyra dagarna är alltid någon ledare närvarande i samband med utdelningen. Från och med hösten 2024 har ledarstaben dock förändrats genom att två har avslutat sin tjänst. Volontärerna samlas strax för lunch för gemensam genomgång inför dagen samt andakt, och någon ledare avslutar också dagen på liknande sätt.

Mannaverksamheten är en del av kyrkans omsorgsarbete. Det finns dels ett omsorgsteam som träffas en gång per vecka, rapporterar och stödjer varandra i den operationella verksam-heten, dels ett omsorgsråd. Rådet utgör församlingens förlängda arm för information och rapportering med mera.

Förutsättningar i den praktiska verksamheten

Varor för utdelning levererades tidigare via företaget Allwin, som hämtar varor hos olika butiker Göteborgsområdet. Numera sponsras de istället via en grossist och några enskilda butiker som skänker varor som de inte kan eller vill sälja. En församlingsmedlem hämtar och levererar dessa varor och erhåller bilersättning. Dessutom inköps varor via Stadsmissionen. Tidigare har idén "Mannahandlare" lanserats. Den innebär att enskilda personer kunnat köpa in och skänka exempelvis torrvaror såsom ris och pasta, konserver etcetera. Den möjligheten finns fortfarande men har idag ganska liten betydelse för tillgången av varor.

Förutom de nämnda anställda deltar ett 40-tal volontärer i verksamheten. Ungefär hälften av dessa är församlingsmedlemmar, och de övriga har varierande bakgrund både etniskt, socialt, religiöst med mera. Flera av de som är församlingsmedlemmar har deltagit under ett flertal år i verksamheten.

Från och med hösten 2023 har arbetsmiljön blivit mycket bättre. Då togs den nybyggda Frihamnskyrkan i stadsdelen Hisingen i bruk efter att Smyrnakyrkan i området Haga hade sålts. Det nuvarande läget har underlättat leveranser av varor och omhändertagandet. Logistiken har förbättrats betydligt i samband med inlastning av varor men också i samband med utdelningen. De rymliga lokalerna gör att de som kommer för att hämta mat går in genom huvudentrén, går förbi montrarna och får där sina matkassar och passerar ut genom en annan utgång i lokalen. Även om läget numera är mindre centralt fortsätter verksamheten såsom tidigare. Förr kunde dock gästerna åka med spårvagnen som stannade utanför Smyrnakyrkan, men nu får de ta bussen som stannar några hundra meter från Frihamnskyrkan. En del av gästerna tog sig tidigare friheten att åka som "fripassagerare" på spårvagnen vilket är svårare på bussarna i staden.

Ekonomi

Kostnaderna för Mannaverksamheten är begränsade genom att mycket varor erhålls gratis även om leveranser från Stadsmissionen är en kostnad. Värdet av tiden som de anställda bidrar med (drygt en heltidstjänst) kan värderas till cirka 650 000 kr och utgör kyrkans egeninsats. Kyrkan har hitintills i mycket begränsad utsträckning sökt externa bidrag.

Koppling till kyrkans övriga verksamhet

De två pastorerna ingår i församlingsledningen och har utgjort länken mellan Mannaverksamheten och församlingens övriga verksamhet. En av dem har avslutat sin anställning medan den andre fortsätter att ha ett övergripande ansvar för Manna-verksamheten. Frihamnskyrkan bedriver också en mer traditionell LP-verksamhet med gudstjänster kvällstid en gång i veckan. De brukar besökas av ett 30-tal personer. Dessutom ingår verksamheten DreamCenter som en del av Frihamnskyrkan, framför allt den delen som gäller DreamCenter Church. Lokalen, som finns på Hisingen, köptes av Frihamnskyrkan men är nu såld. Ansvariga för DreamCenter söker nya lokaler.

DreamCenter

DreamCenters verksamhet startade år 2012. Inriktningen var då att göra en insats för att stödja och hjälpa unga människor som riskerade eller hamnat i socialt utanförskap. År 2015 öppnades ett öppet center i ett stadsområde där sådana behov fanns i närområdet. Frihamnskyrkan (dåvarande Smyrna) köpte en metodistkyrka och därefter har verksamheten fått en allt större omfattning under det senaste decenniet. Å ena sidan är DreamCenter idag en fristående ideell förening med styrelse, stadgar, egen ekonomi och årsmöte och med bred verksamhet. Å andra sidan är delar av verksamheten en form av utpost till Frihamnskyrkan. I stadgarna anges bland annat följande:

Stadgar:
§2 Ändamål
Föreningen har till ändamål att driva eller stödja verksamhet som på kristen grund:
• I förebyggande syfte informerar om skadorna vid droganvändning.
• Skapar en drogfri miljö bland ungdomar med etablerat missbruk eller i riskzonen för detta.
• Bedriver diakoni riktat mot denna och andra grupper i social utsatthet.
• Syftar till rehabilitering, studiehjälp och arbetsträning för målgrupperna.

§3 Medlemskap
Föreningen är avsedd att vara församlingsförankrad och medlemskap är därför öppet för pingstförsamlingar samt andra kristna församlingar och organisationer.

Från och med 2019 har arbetet utvecklats på bred front. Numera finns bland annat följande delar i verksamheten:
- Lunch varje onsdag och fredag för behövande
- Utdelning av matkassar till behövande på fredagar

- Uppsökande fältverksamhet med inriktning mot unga
- Satsning på tjejkvällar vid vissa tillfällen
- Möjlighet till arbetsträning, bland annat för personer knutna till samhällstjänst, eftervård. Ca 15 personer/år från frivården gör sin samhällstjänst i verksamheten.
- DreamCenter Store (liten secondhand-boutique med focus på vintagekläder)

På fredagar delas ut ett 50-tal matkassar till personer som erhållit ett matkort. De som önskar ett sådant får redogöra för sina behov men ingen inkomstprövning eller liknande görs. Luncherna på onsdag och fredag är gratis men de som har råd uppmanas att betala en frivillig summa. Drygt 100 måltider per vecka serveras.

"Vi är en kristen gemenskap med socialt fokus som vill göra skillnad på Hisingen. Vi är en del av Smyrnaförsamlingen i Göteborg och är nära kopplade till DreamCenter och dess verksamhet i Kvillebäcken". Informationen gäller DreamCenter Church som kan ses som en utpost till Frihamnskyrkan. DreamCenter Church har gudstjänster och samlingar på söndag eftermiddag, som inte ska kollidera med Frihamnkyrkans verksamhet, och driver också en ettårig bibelskola i samarbete med Frihamskyrkan. Till verksamheten hör också samlingar med bön, LP-kontakt med mera. DreamCenter har hittills kunnat driva ett kristet kollektiv i närheten av staden där volontärer från DreamCenter och studenter från bibelskolan kan bo medan de deltar i verksamheten. Även andra människor som är i behov av bostad och ett sammanhang med en trygg gemenskap har kunnat erbjudas ett boende här. Lokalfrågan framöver är dock en utmaning att lösa för verksamheten.

Verksamheten omsätter drygt två miljoner kronor och har några anställda (totalt motsvarande ca två heltider) och ett 40-tal volontärer. Den sponsras av vissa företag, stat/kommun (för arbetsträning etc.), enskilda gåvor och av kyrkor i närområdet. Fyra församlingar bidrar ekonomiskt i nuläget, varav Frihamnskyrkan med drygt 100 000 kr/år. DreamCenter får också en del matvaror via Mannaverksamheten i Frihamnskyrkan.

Light i Mölndal

Light är en del av verksamheten i Pingstkyrkan i Mölndal. Light har sitt ursprung i en ekumenisk RIA-verksamhet, belägen i en barack som låg ganska centralt i staden. När det inte längre var möjligt att bedriva verksamheten där uppstod lokalproblem. När lokalfrågan inte kunde lösas för fortsatt RIA-verksamhet (sedermera kallad Hela Människan) skapades en motsvarande verksamhet i Pingstkyrkan, vilken kom att benämnas Light. Avsikten då var att den skulle vara temporär i avvaktan på eventuella förändrade förutsättningar för Hela Människan. Verksamheten hade ett tydligt fokus på personer med drogproblem, och samlingarna med gudstjänstinriktning genomfördes kvällstid. Matutdelning samt lunchservering till låg kostnad måndag, onsdag och fredag startades upp i Pingstkyrkan. Lunchserveringen begränsades efter något år till onsdag och fredag. De som fram tills dess ansvarat för det praktiska arbetet (volontärt) kunde inte längre fortsätta att driva verksamheten.

På styrelsens förfrågan anmälde sju personer sitt intresse att ingå i en beredningsgrupp med uppdraget att utreda förutsättningar inför hösten 2019. Ett förslag presenterades om att anställa en person med ansvar för att driva frukost/lunch-verksamheten såsom tidigare på onsdagar och fredagar. Efter samråd och beslut i kyrkans styrelse anställdes en person (50 procent av heltid). Styrelsens personalutskott gjorde en arbetsbeskrivning för att tydliggöra den anställdes uppgifter och ansvarsområde. Beredningsgruppen fortsatte därefter som en ledningsgrupp med en i gruppen som samordnare. I den formen och organisationen har verksamheten fungerat sedan hösten 2019, även om en del förändringar skett under årens lopp.

Verksamhetsformer

I nuvarande form bedrivs Lightverksamhet de flesta av vecko-dagarna under året. Varje måndag vid lunchtid sker leverans av varor, sång- och musikgudstjänst med appell startar klockan 17 och därefter blir det fika med smörgås och kakor samt utdelning av matkassar. Onsdag serveras frukost och lunch klockan 08.30-13.30, torsdag sker leverans av varor och fredag frukost och lunch såsom på onsdagar. Under jul- och nyårshelgen och första veckan i januari är verksamheten stängd och under högsommaren pågår endast utdelningen av matkassar, dock med uppehåll under två veckor i juli.

Verksamhet måndag och torsdag: Via ett företag, Allwin, med verksamhet i bland annat Göteborgs närområde, hämtas varor i ett 15-tal butiker, oftast med kort best-före-datum eller varor som av annan anledning affären inte vill eller kan säljas. Varorna levereras genom företagets kontrakt med Samhall i särskilda bilar med kylaggregat. Varorna sorteras noga av en grupp volontärer (6-10 st). Allt kontrolleras mycket noga och det som anses tveksamt att delas ut sorteras bort som hushållsavfall.

Torsdagar sker också en liknande leverans men då erhålls betydligt mindre mängd varor. Komplettering av en del varor sker också från ett bageri och en vid kyrkan närliggande Coop-butik genom hämtning av medarbetare, en eller några dagar i veckan.

Kön utanför kyrkan är lång på måndag eftermiddag. När kyrkdörrarna öppnas delas en nummerlapp ut till var och en i entrén. Den kommer till användning senare i samband med utdelningen av matkassar. Sång- och musikgudstjänsten, som börjar klockan 17 och pågår drygt en halvtimma, är uppskattad av många. I stort sett alla som kommer till Light deltar också vid denna inledande del. Kyrkan har ett eget husband som medverkar ungefär varannan gång och externa medverkande deltar med sång och tal vid övriga tillfällen. Många av gästerna i gudstjänsten vill gärna delta i allsången. I avslutningen erbjuds ofta samtal och förbön för de som så önskar.

Vid utdelningen av matkassar på måndagskvällarna får varje person/familj två välfyllda kassar med matvaror. Kassarna innehåller matbröd och ibland lite fikabröd, frukt och grönt samt diverse kylvaror. Vid vissa tillfällen har kompletterande inköp gjorts, till exempel ost, stekta köttbullar, torrvaror (ris, pasta mm). Vid andra tillfällen har det blivit överskott av varor och en del varor har då erbjudits andra i Mölndal som har någon form av liknande verksamhet. Många gäster utrycker stor tacksamhet. Stämningen är lugn och familjär. Under år 2023 har totalt cirka 30 000 kg varor delats ut till gästerna. Det betyder att verksamheten minskar matsvinnet och gör en viktig insats för miljön i kommunen.

Den sociala delen är en lika viktig del som den materiella. Vid fikaborden skapas kontakter mellan olika människor, och det är stor blandning av gäster. Det kan också noteras att entréplanet utanför kyrkan blivit en social mötesplats. Några är ibland på plats redan 1-2 timmar innan kyrkdörrarna öppnas, cirka klockan 16.45.

Verksamhet onsdag och fredag: Bemanningen av medarbetare på onsdag och fredag är 3-4 personer, varav en har varit anställd på 50-75 procent av heltid sedan hösten 2019. Antalet besökare har varierat över tid (se vidare nedan), men numera är det bara några få som kommer till frukost och till lunch görs 25-35 portioner, varav några ordnas för avhämtning. Varor till denna del av verksamheten köps in via ett grossistföretag i form av storinköp ungefär en gång per månad. Husmanskost samt kaffe och kaka serveras, ibland också någon form av efterrätt. Cirka 2500 matportioner tillagas per år till lunch onsdag/fredag.

Målgrupp

Lightverksamheten i Pingstkyrkan var från början inriktad mot personer med olika typer av drogproblem. De har setts som den primära målgruppen och är det delvis fortfarande. Andra gäster har problem med ekonomin, psykisk ohälsa med mera. Numera är det dock en ganska stor blandning av gäster på framför allt måndagarna. En ganska stor grupp utgörs av utrikes födda personer, och från och med hösten 2023 har ett 20-tal personer från Ukraina brukat deltaga. På måndagarna är det i allmänhet cirka 60 gäster som kommer till gudstjänsten, fikar sedan och får därefter matkassar. Antalet kan dock variera mellan 50 och 75. Lite unikt i denna verksamhet är att det hitintills inte krävts någon form av ansökan och registrering utan alla som kommer får matvaror med sig hem. Eftersom både vad som erhålls och mängden av respektive varor varierar i leveranserna blir också innehållet lite olika i matkassarna.

Gästerna som kommer till luncherna är huvudsakligen dels några personer med mer eller mindre problem med droger, dels en mindre grupp pensionärer, varav några är församlingsmedlemmar. 5-10 personer brukar äta gratis, varav någon enstaka person kan betala ibland. Övriga betalar 70 kr för lunchen (hösten 2024) och några ofta lite mer för att stödja verksamheten. Här kan noteras att priset höjdes från 50 till 70 kronor hösten 2023, inte enbart på grund av kostnadsökningar för inköp. Skälet var också att vissa externa pensionärer (i mindre behov av ekonomisk hjälp) kom för att kunna äta billigt. Idén med denna restaurangverksamhet är *inte* att vara en verksamhet dit man kommer för att äta mat till billig kostnad. Intentionen och målet är att den ska upplevas som en social mötesplats, att varje person ska bli sedd och bli positivt bemött av medarbetarna och få tillfälle att möta människor och delta i ett sammanhang med människor som man annars sällan brukar göra. I skrivande stund har balansen mellan gäster i behov av särskilt stöd och övriga blivit såsom varit önskvärt. Även i dessa sammanhang blir det lite andlig sång och musik ibland vid något av borden.

Majoriteten av de som besöker verksamheten är kvinnor (cirka 2/3). En viss satsning har även under de senaste åren skett på en mindre grupp kvinnor i behov av särskilt stöd. Gruppen har benämnts Ztella och har inrymt aktiviteter som matlagning, odling, målning och en del andra kreativa inslag. En särskild satsning görs också inför julen, senast 2023 med julkonsert, servering av jultallrik och fika (för nästan 100 personer) samt utdelning av julklappar och matkassar.

Organisation och ledning

I samband med styrelsens arbete med att tydliggöra ansvar och roller för råden i församlingens arbete skapades ett Lightråd, som leds av samordnaren och den som är vald till vice samordnare. Totalt ingår sex personer i rådet, samt den anställde personen som adjungerad. De övriga ledamöterna representerar lite olika funktioner, någon från styrelsen, någon med koppling till själavård etcetera. Förutom mer informella samtal träffas Lightrådet i allmänhet ett par veckor före ett möte med alla medarbetarna. Vid varje typ av möte görs minnesanteckningar som skickas via mail till alla medarbetare och församlings-ledningen. Dessutom skickar samordnaren via mail andra typer av rapporter med lägesbeskrivningar med mera och rapporterar ofta vid församlingsmöten.

Vid mötena med alla medarbetare (6-7 gånger/år) tas aktuella frågor upp och vissa beslut fattas som gäller den operationella verksamheten. Rutiner diskuteras liksom eventuella önskemål och behov av förändringar. Samordnaren fungerar som ordföranden och ger en del information, och den som är ansvarig för de mer praktiska göromålen och rutinerna (= vice samordnare) är föredragande vid sådana ärenden. Centralt är möjligheten för alla att komma till tals och därmed kunna känna aktiv del i hela verksamheten. Vid dessa möten ges också en del annan information om till exempel inre och yttre säkerhet, om bemötande och hanterande av drogpåverkade som kan behövas tas om hand.

Förutsättningar i den praktiska verksamheten

Det som kännetecknar så kallade ideella organisationer är bland annat betydelsen av frivilligt engagemang. Eftersom mycket av sådan här form av verksamhet sker på dagtid är en förutsättning att daglediga personer kan och vill delta. I praktiken betyder det att personer som passerat cirka 65 år får dra ett stort lass i sådant här arbete. I Lightverksamheten finns ett 30-tal medarbetare (huvudsakligen församlingsmedlemmar) som bidrar volontärt samt ytterligare några som deltar med sång och musik på måndagarna. Den samlade arbetstiden för dessa volontära insatser motsvarar cirkaa fyrheltidstjänster under ett år.[4]

Medarbetarna är volontärer och deltar frivilligt. Arbetet ska dock bedrivas professionellt i betydelsen skicklighet i utförandet

---

[4] Pingstförsamlingen i Mölndal har ca 375 medlemmar.

av uppgifterna. Konkret innebär det att alla ska vara medvetna om betydelsen av tydliga rutiner om hygien i livsmedelshanteringen, bemötande baserat på allas lika värde och ansvar i de uppgifter man åtar sig. En tillgång i Lightverksamheten är att medarbetarna sammantaget representerar bred yrkeskompetens, till exempel när det gäller organisation och ledning, vård och omsorg, pedagogik och kommunikation, ekonomi med mera. Medarbetarnas uppgift är dock främst att vara medmänniskor, inte med krav på särskild utbildning och yrkesprofessionell kunskap.

Våren 2022 brukade 30-35 gäster besöka verksamheten på måndagarna. Antalet gäster vid dessa tillfällen har därefter successivt ökat och dubblerats drygt två år senare. Det har ökat trycket på rekrytering och insatser av medarbetare men inte minst tillgång av matvaror. Rekryteringar har dock fungerat – även om arbetet periodvis varit förenat med viss stress. Ett par butiker närliggande butiker har också på senare tid levererat en del matvaror.

En viktig faktor är också tillgång till lämpliga och funktionella lokaler samt utrustning. Pingstkyrkan har ändamålsenliga lokaler och goda möjligheter till förvaring och lagring av varor. Köket är efter renovering uppgraderat från att vara klassat som café (2017) till restaurang (klass 3, från oktober 2019). Mölndal kommuns miljöförvaltning har godkänt lokalen för matlagning och rutiner för livsmedelshanteringen, senast i september 2023. Stora kylskåp och frysar med god kapacitet för Lightverksamheten är inköpta, och i kyrkans förråd har skapats bättre förutsättningar för att underlätta logistiken och hanteringen av varor.

Ekonomi

Kostnaden för driften av hela Lightverksamheten 2023 uppgår till cirka 175 000 kr. Denna summa omfattar inköp av varor, huvudsakligen till luncherna, förbrukningsvaror med mera. Till utgifterna tillkommer bland annat kostnader för lön och sociala avgifter för den anställde (75 procent av heltid) samt ett mindre arvode för en extra resursperson (motsvarande ca fem timmar/vecka) men också el, avfallshantering med mera. Inkomsterna från försäljning av luncher är cirka 100 000 kr. Från Mölndals kommun erhölls totalt 370 000 kr i bidrag år 2023. En del andra bidrag har också finansierat verksamheten.

Koppling till kyrkans övriga verksamhet

Som nämnts ovan har Lightverksamheten sina rötter i RIA-verksamheten, som senare bytte namn till Hela Människan.[5] Den verksamheten startade på nytt i Frälsningsarméns lokaler år 2019. Eftersom verksamheten i den lokalen var tvungen att upphöra från och med 2023 och ingen ny lokal då erhållits (trots många och långa kontakter med kommunen), erbjöd Pingstkyrkan möjlighet att temporärt utnyttja angränsande lokaler i församlingsvåningen under några månader. Så skedde, och från och med maj månad 2023 kunde Hela Människan inviga en ny lokal i i centrum i Mölndal. Där erbjuds frukost på måndag-torsdag förmiddag och en mötesplats under några timmar på dagen för

---

[5] De Kristna Samfundens Nykterhetsrörelse (DKSN) arbetade med förebyggande verksamhet och från 1960-talet med fokus på personer med alkoholproblem, "Rådgivning i alkoholfrågor" (RIA). En riksstämma i april 1998 slopade formuleringen om helnykterhet som grund för rörelsen och namnet ändrades från DKSN till Hela människan med underrubriken "socialt arbete på kristen grund". [Källa: Wikipedia]

främst de som lever med missbruksproblem. I styrelsen ingår två representanter för Pingstkyrkan, varav en är kassör. Pingstkyrkan är också den av kyrkorna som bidrar mest med volontära insatser, främst i samband med de två anställdas lunchtider.

Pingstkyrkan har också en stor Second hand-verksamhet (med drygt åtta miljoner i varuförsäljning/år), och flera av medarbetarna deltar i lite olika omfattning även i den verksamheten som volontärer. Utåtriktad verksamhet är också Pannkakskyrkan där en del unga personer under ungdomsledarens ledning steker och bjuder på pannkakor samt samtalar med människor i stadens centrum. Även här bidrar några som också deltar i Lightverksamheten. Kyrkans devis är att vara en "Kyrka för staden" och genom nämnda verksamheter nås många Mölndalsbor och människor i närområdet.

Inriktning och mål

Samlingarna på måndagar från september till och med maj månad startar alltid i kyrksalen med mycket sång- och musik. Gudstjänst, fika och gemenskap samt att få matkassar utgör en helhet i verksamhetens inriktning och mål. Tanken är att förena och möta behov som både är andliga, sociala och fysiska.

Light är mer än bara matutdelning och lunchservering. Sammanfattningsvis kan konstateras att flera under de senaste åren har fått möjlighet att sova några timmar i soffan i ett angränsande rum, kläder har vid vissa tillfällen tvättats åt personer som saknat den möjligheten och några har fått möjlighet att duscha, andra har fått omplåstring av skador, sockar och kläder har ordnats vid vissa tillfällen etcetera. Som framgått av inledningen ovan kan Light beskrivas som en verksamhet vilken präglas av ekonomisk och miljömässig hållbarhet men som också fungerar som en social och andlig mötesplats.

Målen för Lightverksamheten kan sammanfattas på följande sätt:

- Hållbarhet i flera dimensioner: existentiellt, socialt, ekonomiskt och miljömässigt
- Att möta kroppsliga behov: frukost/lunch, fika och utdelning av matvaror
- Att möta sociala behov: välkomnande möten med samtal och gemenskap
- Att möta andliga behov: hjälpa människor att skapa livsmening och visa betydelsen av en kristen tro.

Räddningsmissionen i Göteborg

Räddningsmissionen i Göteborg bildades 1952 som Stiftelsen Hjälp åt hemlösa – Göteborgs räddningsmission. De två föregående exemplen, Manna respektive Light, bedrivs inom ramen för en lokal, enskild församling. Räddningsmissionens verksamhet bedrivs på bred ekumenisk grund med många kyrkor som huvudmän och har numera ett 30-tal verksamhetsområden. Under det senaste decenniet har man haft ett nära samarbete med Göteborgs stad om hjälpinsatser med olika inriktning och form. Räddningsmissionens många verksamhetsområden kräver stora arbetsinsatser och resurser.

Historiskt finns rötter tillbaka till 1870-talet i form av Emigrantmissionen, vars verksamhet riktade sig till emigrantfarare. När den epoken så småningom avmattades inriktades arbetet främst mot arbetslösa sjömän på 1930-talet och hemlösa på 1950-talet. Organisationen och formerna för verksamheten har förändrats över tid.

Verksamhetsformer

Som framgått ovan finns en lång tradition inom Räddningsmissionen med fokus på att hjälpa människor som lever i hemlöshet. I Göteborg lever cirka 3000 personer i hemlöshet, varav cirka 500 är akut hemlösa.[6] Station Nord är en plats för

---

[6] Hemlöshet definieras här som avsaknad av fast bostad. I denna grupp ingår boende på härbärgen, utomhus etc. (= akut hemlösa) men också boende på någon institution eller stödboende, boende hos kompisar eller släktingar och tillfälliga andrahandskontrakt etc.
Nationellt bodde 1800 barn på akutboende i februari 2023 (Socialstyrelsen 2023). Mörkertalet kan dock vara stort eftersom

övernattning för vuxna som inte får tillgång till de offentliga trygghetssystemen och saknar boende/tak över huvudet. Verksamheten är öppen från kväll till tidig morgon varje dag året om. Här erbjuds ett flexibelt antal platser, mellan 40-60 beroende på årstid, vilket betyder totalt cirka 1500 gästnätter per månad. Platserna bokas på förhand och är kopplade till social planering. Social planering innebär ett möte med den enskilde för att kartlägga behov och stöd om exempelvis hälsa, utbildning mm. En aktivitetsplan görs upp och deltagande i denna del är krav för att kunna boka en plats förövernattning. Det finns också möjlighet till tvätt och dusch samt tillgång till frukost. Utbildad personal bistår med länkning till olika former av samhällsservice och myndigheter för personer som till exempel saknar uppehålls-tillstånd, inte minst gäller detta familjer med barn och deras möjligheter till vård och skola. Denna typ av verksamhet sker i samarbete med Göteborgs stad kopplat till så kallade IOP-avtal (Idéburet Offentligt Partnerskap).[7]

Frukostcaféet på Vasagatan i Göteborg serverar grötfrukost och smörgås fyra förmiddagar i veckan för personer som lever i

---

asylsökande, papperslösa personer eller utsatta EU-medborgare kommer inte i kontakt med socialtjänsten och inräknas inte i statistiken. De kan inte söka försörjningsstöd. Nästan 10 000 hushåll i Göteborg har så små inkomster att de måste få ekonomiskt bistånd (försörjningsstöd), varav 5000 barn finns i familjer med långvarigt försörjningsstöd (tio månader eller mer).

[7] Syftet med IOP är att ge t ex föreningar möjligheter att skapa mer långsiktiga avtal med en kommun (2-3 år). Denna typ av avtal är reglerad av EU och är knutna till vissa kriterier. Den verksamhet som stöds får inte konkurrera med liknande kommersiell verksamhet utan ska vara ett komplement för att fylla vissa specifika behov som inte andra kan uppnå. Det finns också en begränsning av beloppet för ersättningen.

hemlöshet, social utsatthet och/eller har problem med psykisk ohälsa. Här finns också möjlighet till dusch och tvätt av kläder. Ett hundratal personer brukar besöka denna verksamhet under förmiddagen måndag och tisdag samt torsdag och fredag. Under ledning av en samordnare tjänstgör ytterligare fem anställda (motsvarande totalt ca fyra heltidstjänster) och här finns möjlighet till samtal med diakon och pastor. Räddningsmissionen har många företag som sponsorer och frukostserveringen brukar ofta bemannas av ett par personer från något av företagen som därmed får se och uppleva hur verksamheten fungerar. Lokalen ligger ganska centralt i staden men har begränsade utrymmen, vilket innebär sittplatser för max 30 personer. Det betyder att det ibland blir en del väntetid för de gäster som kommer.

Räddningsmissionen driver också två butiker i Göteborgsområdet, MatRätt, där personer, efter beviljad ansökan om medlemskap, kan få inhandla matvaror till starkt reducerade priser. Denna möjlighet erbjuds personer som lever i ekonomiska svårigheter med en månadsinkomst om högst drygt 12 000 kr/månad (2024) och inte har inkomst från arbete. Cirka 800 kunder handlar varje dag och 150-200 ton mat säljs i butikerna varje månad. Frukostcaféet får sina varor levererade från Maträtt via Räddningsmissionens transport som hämtar varor från olika butiker och grossister.

I samarbete med Göteborgs stad finns en rad olika boenden och stödinsatser för personer i behov av särskilt stöd. 35:an är ett jourboende för män och kvinnor i alla åldrar. Många som kommer dit lever i missbruk och psykisk ohälsa. Här kan man också få hjälp med kontakter för att på sikt får eget boende. Två andra boenden gäller för personer med någon form av psykisk funktionsnedsättning. Det ena är ett gruppboende med två avdelningar, det andra består av åtta lägenheter med gemensamma utrymmen för måltider och gemenskap. Dessa boenden är bemannade dygnet runt med anställd personal. Ett kollektivt jourboende och träningslägenheter med 17 platser finns på central plats i staden. Detta riktar sig till personer med missbruksproblem och/eller samsjuklighet. Individuell kartläggning görs angående behov av hjälp och med möjlighet att gå vidare till träningslägenhet. Alla har en kontaktperson som stöd under processen.

Kvinnor är ofta särskilt utsatta socio-ekonomiskt och många upplever brist på trygghet. I skyddslägenheter erbjuds stöd av professionell personal fem dagar i veckan och volontärer under helgen. Målgruppen här är främst kvinnor som utsatts för våld i nära relationer, hedersrelaterat våld och människohandel. Placering sker liksom i ovan nämnda boende via socialtjänsten. "Ruth" är ett skyddat boende för kvinnor, utsatta för prostitution eller människohandel, och består av tre lägenheter. Här tas även emot kvinnor som behöver skydd i situationer med hedersrelaterat våld. Boendet har kamera, är larmat och skalskyddat. En annan typ av boende för kvinnor är riktat till äldre kvinnor som lever i hemlöshet. Detta boende ("Caroline") riktar sig till kvinnor som inte har missbruksproblem och är inte biståndsbedömt av Socialtjänsten. Det finansieras istället via gåvoverksamhet.

I Göteborg och Borås bedrivs i Räddningsmissionens regi en verksamhet som utgör en del i en nationell satsning om stöd till barn och unga som har en frihetsberövad anhörig, kallad "Solrosen". I den verksamheten ingår gruppträffar, samtalsstöd och aktiviteter men också att sprida kunskap och opinionsbildning. Genom Räddningsmissionen finns två anställda pastorer inom NAV (Nämnden för andlig vård). De finns bland frihetsberövade på Göteborgs häkte, Skogome- och Högsboanstalten för att möta de intagnas behov av personliga samtal och vägledning i etiska och existentiella frågor. "Café Maja" är en social mötesplats i Angeredsområdet för kvinnor i alla åldrar. Här erbjuds olika typer av aktiviteter, hjälp med myndig-hetskontakter mm.

Sedan 2021 driver Räddningsmissionen en högstadieskola i Tynneredsområdet (Västra Frölunda) samt en skola i Gårdstensområdet med inriktning Förskoleklass – åk 9. Skolorna är Communityskolor, inspirerad av "Community schools" i England och USA. Det är en skola som är till för hela området och samhället. Det betyder att skolan är öppen även efter skoltid med läxstöd och olika fritidsaktiviteter för att skapa trygga mötesplatser för barn och vuxna i närområdet. Visst samarbete sker med bland annat lokala idrottsföreningar, Göteborgs universitet, Chalmers och Göteborgs Symfoniker.[8]

Målgrupp

Något förenklat kan målgruppen för verksamheten beskrivas som personer som den kommunala socialtjänsten inte når eller har svårt att nå och ofta faller utanför det offentliga välfärdssystemet. Som framgått ovan har starkt fokus legat på problem med hemlöshet och stöd för personer i behov av särskilt boende men att också erbjuda möjlighet till mat för dagen. Målgruppen har

---

[8] Ovanstående är en översikt av några av de mest centrala delarna i Räddningsmissionens verksamhetsområden. För vidare info se:
Startsida | Räddningsmissionen (raddningsmissionen.se)

successivt växt och omfattar breda grupper som inryms inom omsorg för barn, kvinnor och äldre som lever i någon form av utsatthet; utbildning för såväl barn, ungdomar och unga vuxna; familj och migration med flera. Räddningsmissionen samarbetar med en lång rad olika organisationer och förvaltningar. Deras verksamhet i Göteborgsområdet kompletterar därmed en stor del av det som framför allt är den kommunala socialtjänstens ansvarsområde. Räddningsmissionen är utförare av välfärdstjänster, är en del av välfärdsystemet och, som framgått ovan, inrymmer institutionell verksamhet i olika former.

Organisation och ledning

Räddningsmissionens högsta beslutande organ är årsmötet. Där fattas beslut om övergripande verksamhetsfrågor, strategisk verksamhetsplan, budget och stadgar. 35 kyrkor i Göteborg med omnejd är huvudmän för Räddningsmissionen. Som huvudman har man rätt att skicka ombud till årsmötet, vilka har rösträtt. Samverkan med huvudmännen syftar till att stärka det diakonala arbetet i Göteborgsområdet tillsammans med de lokala församlingarna.

Organisationens styrelse har sju ordinarie sammanträden per år. Styrelsen består av nio personen med mycket bred kompetens från skilda områden inom kyrklig verksamhet, näringsliv och media, utbildning och ekonomi, organisation och ledning. Förutom styrelsens ordförande arbetar ledamöterna ideellt och uppbär inget arvode. Den löpande verksamheten leds av direktor, som är högsta beslutande tjänsteman, och en ledningsgrupp om ytterligare sex personer. Direktor rapporterar till och svarar inför styrelsen. Förutom direktor och vice direktor finns ett 10-tal chefer för olika verksamhetsområden samt några ansvariga för insamlingar, volontärer etcetera.

Som framgått ovan är Räddningsmissionens verksamhetsområde mycket omfattande. I stadgarna anges bland annat följande:

- uppmuntra församlingarna till diakonala insatser av före byggande och rehabiliterande karaktär
- bedriva omvårdande, behandlande och själavårdande verksamhet inom utvalda arbetsområden.
- stimulera människor att upptäcka sina inneboende resurser och söka finna lösningar på sina problem
- enligt intentionerna i socialtjänstlagen samverka med socialtjänsten, kriminalvården och andra myndigheter.
- bedriva verksamheter inom exempelvis förskola, skola, vård och omsorg.
- att aktivt påverka samhällets politik och planering, främst i sociala och diakonala frågor.

Förutsättningar i den praktiska verksamheten

Antalet tillsvidare- och visstidsanställda under 2023 var cirka 260 personer och lika många volontärer inom hela Räddningsmissionens verksamhetsområde. Majoriteten arbetar med socialt arbete i boendeverksamheter, öppna mötesplatser eller stödjande verksamheter. De vanligaste befattningarna är behandlingsassistent, aktivitetshandledare och socialarbetare. En viktig resurs och kompetens gäller även projektledning eftersom en stor del av verksamheterna drivs i projektform, ofta i samverkan med andra aktörer. De anställda medarbetarna och volontärerna är verksamma inom tre huvudområden: RM Social, RM Omsorg och RM Socialt företagande. De båda skolorna ligger separat i RM Bildning, ett aktiebolag som är helägt av Räddningsmissionen. Bolaget har cirka 50 anställda, där den vanligaste yrkeskategorin är behöriga lärare.

Ekonomi

Som nämnts ovan har Räddningsmissionen flera så kallade IOP-avtal med Göteborgs kommun. Många företag är sponsorer. Av de insamlade medlen kommer 40 procent från allmänheten, församlingar och arv. Häri ingår cirka 4000 månadsgivare vilka bidrar med sju miljoner i intäkter (2024). 20 procent erhålls via företag och övrigt via fonder och stiftelser. Under 2023 gav nästan 100 olika stiftelser bidrag till verksamheten. De totala verksamhetskostnaderna är 220 miljoner (2023). Räddnings-missionen syns och hörs på många sätt i både media och offentliga sammanhang, exempelvis i samverkan med Liseberg i Göteborg. Liseberg är en av de största gåvogivarna (s.k. Framtidspartner) och skänker bland annat 400 000 kr årligen som stöd till verksamheten. Andra företag kan välja på andra former av bidragsstöd (15 000 - 150 000 kr).

Koppling till berörda kyrkors övriga verksamhet

Räddningsmissionen har praktiskt samarbete med flera av kyrkornas huvudmän i den vardagliga verksamheten. Räddnings-missionens gatukyrka arrangerar soppmässa varje tisdag kväll i en del av staden, Equmeniakyrkan i Majorna (dock med uppehåll under sommarmånaderna). Det är en enkel nattvardsmässa som avslutas med soppa och smörgås som tillagas på plats. Förutom en betraktelse sjungs sånger, och det finns möjlighet att tända ljus och få hjälp i förbön. Det finns också möjlighet till samtal med någon av de två pastorerna som har koppling till Saronkyrkan (Evangeliska Frikyrkan, EFK) vilket också gäller vid ovan nämnda frukostcafé. I anslutning till Betlehemskyrkan (Equmeniakyrkan) har Räddningsmissionen lokaler med bland annat stöd i form av boende.

Sammanfattning

Det sociala arbetet i kyrklig regi har historiska rötter. I kapitlet har getts några exempel från dåtid och nutid. Poängen här är att visa att sådant socialt arbete i sig inte är något nytt i kyrkliga sammanhang, dels att lyfta fram några exempel (hämtade från Göteborgsområdet) som har olika inriktningar och omfattning beträffande verksamhetsformer, organisation och ledning och inte minst förutsättningar för sin verksamhet. När liknande verksamheter ska startas upp eller utvecklas kan inte andras verksamheter kopieras men man kan lära av andras goda erfarenheter *och* utmaningar (se kapitel 4). En känd Volvochef lär en gång i tiden ha fått frågan om varför företaget blivit så framgångsrikt: "Det är inte framgångar som fött framgångar utan vi har lärt av våra misstag". Det är värt att betänka också i dessa sammanhang. Inget är i allmänhet helt perfekt, det går alltid att förbättra och utveckla sakernas tillstånd.

KAPITEL 2

Relationen
civilsamhälle – kommun

I föregående kapitel har beskrivits och exemplifierats former av socialt arbete i kyrklig regi. Det har pekats på en rad olika förutsättningar för att bedriva sådant arbete, likheter och skillnader. Att sådana sociala insatser behövs torde många vara överens om. Men det finns anledning att också ställa frågan: vilken betydelse och roll kan sådan här verksamhet ha i och för samhället? Om samverkan med ansvariga i en kommun sker är det viktigt att ha kunskap om villkor och förutsättningar för sådana insatser. Om en förening (inkluderat kyrkor) *inte* har någon form av samverkan så bör man ändå ha förståelse och insikter som en aktör i samhället. Devisen "Kyrka för staden" har myntats av styrelsen i kyrkan där Lightverksamheten ingår (Mölndal). Vad betyder det konkret? Även om intresset främst riktas mot den egna verksamheten finns anledning att uppmärksamma villkor och utmaningar som direkt eller indirekt påverkar det socialt inriktade arbetet inom kyrkans väggar. Politiska beslut på nationell och lokal nivå påverkar alltid mer eller mindre förutsättningarna för social verksamhet i kyrkorna.

Civilsamhällets roll i samhället

Begreppet civilsamhälle aktualiserades i början av 1990-talet. I en statlig utredning betonades föreningslivet och de ideella organisationerna potential att bidra till välfärdssamhället (SOU 1993:82). Frågan fick en än tydligare dignitet hösten 2009 då regeringen presenterade propositionen *En politik för det civila samhället* (prop. 2009/10:55). Riksdagen antog propositionen i mars 2010 och beslutade att målet för politiken skulle vara att förbättra villkoren för det civila samhället som en central del av demokratin. En utredning tillsattes 2014 med syfte att underlätta för det civila samhällets organisationer att bedriva sin verksamhet och därigenom bidra till demokrati, välfärd, folkhälsa, gemenskap och social sammanhållning. I februari 2016 överlämnade utredningen sitt betänkande, *Palett för ett stärkt civilsamhälle* (SOU 2016:13). I regeringen skrivelse, *En politik för engagemang – långsiktighet och oberoende för civilsamhället* konstateras att:

> Det civila samhället motverkar ensamhet och utsatthet,
> lyfter angelägna frågor till debatt och diskussion, ordnar
> en bredd av fritidsaktiviteter och möjliggör för människor
> att ständigt fortsätta att utvecklas och lära sig nya saker"
> (Skr. 2017/18:246, s. 5).

I skrivelsen konstateras också att ett självständigt och starkt civilsamhälle är en central del i en levande demokrati. Under 2000-talets första decennier har alltmer fokus riktats mot civilsamhällets roll som en central aktör för individers välbefinnande och livsmiljö samt som en central part i samhällets ansvar för välfärd och demokrati.

Kommissionen för jämlik hälsa betonar att det civila samhällets organisationer bedriver ett viktigt arbete på samtliga åtta målområden som kommissionen föreslår. Kommissionens utgångspunkt är att det civila samhället utgör en viktig kraft i rollen som röstbärare, demokratiskola, gemenskap, service-producent/utförare av samhällstjänster samt som motvikt till staten och näringslivet. Det betonas vidare att organisationerna ofta har "örat närmare marken" än det offentliga och att de därför i vissa avseenden snabbare kan identifiera nya utmaningar och även nya lösningar på problem i nära dialog med organisa-tionernas målgrupper (SOU 2017:4, s 146f).

Civilsamhällets roll och potentiella kraft som aktör i samhället har alltså under de senaste decennierna betonats i utredningar och nationella styrdokument. Som kommer framgå senare i denna text är den dock idag inte självklar. Förutsättningar för engagemang och insatser från civilsamhällets representanter inrymmer många utmaningar.

Civilsamhället som begrepp

Med civilsamhället avses arenor där människor organiserar sig i nätverk, ideella föreningar etcetera, det vill säga arenor som är skilda från staten, marknaden och enskilda hushåll. Civilsamhället är därmed ett vidare begrepp än föreningslivet. Civilsamhället inrymmer även studieförbund, sociala företag, olika typer av nätverk, nattvandrare med flera (SOU 2016:13). Begreppet civil-samhället kan ses som en positiv faktor i samhället med nära koppling till idén om folkhemmet, visioner och mål i demokratisk anda. Det kan alternativt uppfattas som en motpol till centraliserad statsapparat. Exempel på detta är uttrycket NGO

(Non-Govermental Organizations). Andra ser på civilsamhället med en kritisk ansats, en arena eller institution i samhället som hamnat i en "marknadifiering av välfärdstjänster eller ett av eliter dominerat föreningsliv" (Linde & Scaramuzzino 2017, s. 41).

En vedertagen definition om vad som karaktäriserar civil-samhället är följande (enligt bl a Statistiska Centralbyrån, SCB):

- Den ska vara formell i betydelsen att det finns en styrelse, skrivna stadgar, en regelbunden verksamhet mm.
- Den ska vara privat, det vill säga separerad från staten.
- Den ska inte vara vinstdrivande i betydelsen att den inte ska dela ut sin vinst till ägare eller huvudman.
- Den ska vara självstyrande i betydelsen att den ska kunna kontrollera sin egna verksamhet.
- Den ska ha inslag av idealitet i form av bidrag eller frivillig medverkan av betydelse från privatpersoner.

Sammantaget betyder det att organisationen är formaliserad och bedriver en verksamhet som inte enbart är temporär utan präglas av viss regelbundenhet. Den är skild från den offentliga sektorn och den så kallade marknaden (ibland benämnd som `Non-Profit-Organizations´). Deltagandet är frivilligt och bygger på någon form av engagemang och idealitet (Scaramuzzino & Meewisse 2017). Detta synsätt ligger helt i linje med den tradition som under mer än ett sekel växt fram och utvecklats i folkrörelsens anda, en idé som präglat verksamheten i olika rörelser och bidragsformer. I samband med mottagandet av asylsökande 2015/2016 och dess efterföljd togs emellertid en rad privata initiativ som innebar att nätverk och organisationer med andra förtecken uppstod, inte minst med spridning och mobilisering i sociala medier.

Då och nu

Det svenska samhället har alltmer kommit att präglas av pluralism, sekularisering, globalisering, individualisering och en ökad komplexitet i många avseenden (Jacobsson & Sandstedt 2010). Det har skapat både möjligheter och utmaningar på såväl nationell som personlig nivå. En av de mest grundläggande frågorna inom sociologin gäller frågan om vad som binder samman ett samhälle och hur.[9] Folkrörelsernas betydelse kan historiskt sett knappast överskattas vid en analys av det svenska samhällets välfärdsutveckling. Företrädare för de klassiska folkrörelserna (väckelserörelsen, nykterhetsrörelsen och arbetarrörelsen) utgjorde tillsammans en viktig röst och skapade insatser för förbättrad samhällsutveckling. Tillsammans bidrog de till människors hälsa och välbefinnande och en meningsfull fritid. De skapade delaktighet, samhörighet och trygghet för enskilda människor. En analys av civilsamhället som aktör sätter med andra ord fokus på dess koppling till både individens personliga utveckling som människa och dess roll för samhällsutvecklingen. Historiskt har en plattform lagts och en samhällskultur skapats för det vi kan se idag: det finns enligt vissa beräkningar cirka 250 000 ideella organisationer i Sverige.

> I den folkrörelsetradition som under lång tid präglat det svenska civilsamhället växer värderingar och för givet tagna sätt att arbetas fram som de som fostrats in i denna tradition har lättare att ta till sig. Det gör att de ideella organisationerna är viktiga för att bibehålla det

---

[9] Sociologer som t ex Emile Durkheim, George Simmel och Ferdinand Tönnies har utvecklat teorier inom detta kunskapsområde.

medborgerliga engagemanget (von Essen & Svedberg 2020, s. 133).

Föreningslivet är en viktig ingång för att skapa nätverk och kontakter som också på sikt kan leda till sysselsättning, exempelvis för nyanlända och andra som har brist på kontakter med etablerade personer i samhället. Det skapar meningsfull fritid och sysselsättning för många. Föreningslivet utgör en bas för demokrati genom aktiviteter, samhörighet och sociala kontakter, delaktighet i beslutsfattande och organisering av verksamhet och inte minst identitetsskapande. Hälften av den vuxna befolkningen i Sverige har under de senaste åren arbetat ideellt åtminstone vid något tillfälle, vilket internationellt sett är en hög andel. Om man lägger samman alla ideella timmar i föreningslivet till arbetade timmar och tjänster så motsvarar det cirka 325 000 heltidstjänster (Nystarapporten 2021). För många har det också inneburit ett engagemang som gått från en generation till nästa i någon av folkrörelserna. Samtidigt kan också konstateras att informella grupper och lösa nätverk under senare år har uppstått alltmer, och engagemanget har blivit alltmer personligt.

Om vi backar tillbaka i tiden kan konstateras att socialt arbete var ett ansvar för civilsamhället under 1800-talet och början av 1900-talet. På 1930-talet betonade dåvarande statsministern Per-Albin Hansson allas lika värde och rättigheter i talet om folkhemmet. Idén om välfärdsstaten kom att förändra villkoren för de ideella organisationerna. De utvecklades mer inom kultur, rekreation och opinionsbildning (Linde & Scaramuzzino 2017). De senaste decennierna har civilsamhället alltmer blivit en viktig aktör i produktionen av tjänster och service. Det har skett en förskjutning från att vara en röst för skilda värden och idéer till civilsamhället som välfärdsleverantör, från röst till service. "Från idén om självorganiserade kollektiv baserad på utbrett medlemskap som strävar efter att förverkliga sina idéer om samhället går utvecklingen mot att täcka upp för det offentliga", menar några sociologer (Papakostas & Kings 2021).

Det kan här också noteras att terminologin över tid har förändrats. Beteckningen folkrörelser har ersatts av benämningen *idéburna organisationer* (eller alternativt ideella eller frivilliga organisationer). Som angetts ovan pekar dock en omvärldsanalys på tendenser till en förskjutning från värdeorientering mot aktivitetsorientering inom civilsamhället. Detta visar sig också i trender mot en ökad individualisering i samhället. En ung man, som inte dricker någon alkohol och inte är medlem i någon nykterhetsförening, förklarar varför: "Vad ger det mig? Jag behöver inte betala medlemsavgift för att beställa alkoholfritt på krogen" (Tidningen Accent 2021). I artikeln konstateras att unga personer hittar sin egen nisch, engagerar och organiserar sig på nätet istället för att gå på möten. Ett livslångt engagemang, som präglat många volontärer, tenderar idag att delvis ersättas av temporära insatser och "pyamasengagemang" via sociala medier. Uttrycket "voluntarism" belyser ett annat fenomen, hjälparbete i form av volontärresa (Johansson & Meeuwisse 2017, s. 52). Vad betyder dessa nya former för ideellt engagemang? Ideella organisationer förknippas med delaktighet och gemenskap som mervärde men om exempelvis engagemang huvudsakligen "förflyttas" till sociala medier – vad betyder en sådan utveckling när det gäller rekrytering och engagemang långsiktigt inom föreningslivet?

Stöd och bidrag till föreningar – en kontroversiell fråga?

Det är ingen överdrift att hävda att föreningslivets funktion och roll har enorm betydelse på både individnivå och samhällsnivå. Den offentliga sektorn stöder därför många organisationer, men som antytts inledningsvis är former för stöd och bidrag inte en oproblematisk fråga. På nationell nivå betonas dock i skilda sammanhang vikten av stöd till föreningslivet och särskilt till personer som är i behov av särskilt stöd. *Kommissionen för jämlik hälsa* (SOU 2017:47) föreslog utökat stöd till organisationer i det civila samhället och betonar dess betydelse som demokratiskola och rollen att stärka tilliten till samhället. Kommissionen hänvisar bland annat till tidigare statliga utredningar vars uppdrag innebar att:

> föreslå åtgärder som skulle vidtas av den offentliga sektorn för att det civila samhällets organisationer i större omfattning ska nå ut till delar av befolkningen som står utanför det civila samhällets organisationer och inom sina organisationer engagera en större mångfald av människor (s. 222).

Möjligheten och formen för stöd till kyrkliga organisationer är högst olika inom kommunerna – och även inom en kommun kan olika principer råda mellan skilda förvaltningar. Frågan om bidrag till religiösa samfund är kontroversiell. Göteborgs kommun avslog bidrag till scoutverksamhet i kyrklig regi 2017 men beslutet ändrades senare.[10] Vissa tjänstemän och politiker tycks dock även

---

[10] Det paradoxala är att ett demokratiargument användes som motiv för avslaget om en organisation som historiskt var demokratisk långt före staten.

numera ha skygglappar om kyrkornas betydelse för samhällsutvecklingen, trots att exempelvis Göteborg kämpar med stora problem om utanförskap. I vissa kommuner kan inte trossamfund söka verksamhetsbidrag, vilket utesluter bidrag till exempelvis scoutverksamhet, idrott och musik i kyrkans regi. I andra kommuner betonas att sådana bidrag är okej – men dock inte stöd till "ordinarie kyrkoverksamhet eller religiös verksamhet", vilket brukar betyda gudstjänster, konfirmation och dylik verksamhet. I andra kommuner skapas långsiktiga IOP-avtal (Idéburet Offentligt Partnerskap) med verksamhet i kyrklig regi. Sverige är numera ett av världens mest sekulariserade länder och som idag i hög grad är mångkulturellt. I politiska beslut visar sig skilda värderingar, om verksamhet i religiös regi ses som en resurs för samhället eller om den snarare utgör ett problem. Vissa missbruk av bidrag har uppmärksammats inom studieförbund och trossamfund men tycks ibland ha lett till ett slags kollektivt ifrågasättande. I sådana sammanhang tycks en religionsfobi råda och total avsaknad av egen normkritik. Den typen av normer och värderingar drabbar i hög grad människor som kommer från andra kulturer där religion varit en viktig och naturlig del i och för livet.

Kommunernas vilja att ge stöd och bidrag till social verksamhet i kyrklig regi tycks med andra ord vara kontroversiell bland vissa myndighetsutövare. Frågan kan dock även vara kontroversiell hos potentiella mottagare av bidrag. Bidragsberoendet är ingen ny fråga i kyrkliga sammanhang men den har blivit alltmer tydlig under senare år – mot bakgrund av den utveckling som ovan beskrivits. Å ena sidan kan det ses rimligt att det offentliga ger stöd för insatser som åligger stat och kommun – inte minst i relation till styrdokument om mänskliga rättigheter med mera samt kommuners egna styrdokument om lika villkor och goda livsvillkor för alla. Å andra sidan finns en risk att organisationerna blir beroende av bidrag, som dessutom ofta är av temporär projektkaraktär. Kommunens företrädare kan betona vikten av föreningsinsatser och se föreningslivet som en inkörsport i samhällslivet för exempelvis nytillkomna, medan vissa föreningsanknutna är tveksamma till att inkorporera sin egen verksamhet i den kommunala – framför allt när tveksamheter finns om långsiktigheten (Orlenius 2018).

Kommunens roll och funktion

En kommun har lagstadgade uppgifter som den ska ansvara för. *Kommunallagen* (2017:725) är en ramlag som anger vad kommunen får göra och innehåller riktlinjer för hur kommunen ska fatta beslut. I skollagen, socialtjänstlagen med flera (speciallagar) anges principer för skilda sakområden. Andra områden kan en kommun mer självständigt bestämma över. Den kommunala föreskriftsrätten innebär att kommuner har en viss så kallad normgivande makt för att fatta beslut om egna lokala föreskrifter. Exempelvis öppen förskola, att stödja näringslivsutveckling liksom fritid och kultur är en frivillig uppgift, som lokalpolitiker fattar beslut om. Kommunen ansvarar för en stor del av samhällsservicen. Ofta hänvisar ansvariga kommunpolitiker till det som är lagstadgat när kritiska röster ifrågasätter ekonomiska prioriteringar. En grundprincip är att kommunen ska stödja verksamhet som kan bedömas som allmänt intresse, vilket dock *inte* betyder att det måste gynna ett visst antal personer.[11] Byggandet av en idrottshall, stimulera folkbildning eller samlingslokaler åt föreningslivet är exempel på kommunalt allmänintresse. [12]

I kommunallagen fastslås även likställighetsprincipen, "kommuner och landsting skall behandla sina medlemmar lika, om det inte finns sakliga skäl för något annat" (2 kap. §2). Den paragrafen ska motverka särbehandling och godtycke – eller med andra ord: föreningar som har likartad inriktning och karaktär ska ha samma möjlighet att erhålla bidrag. Det är okej att prioritera exempelvis flickor före pojkar under förutsättning att samma princip gäller för alla föreningar i kommunen.

Fritid och kultur är visserligen en frivillig verksamhet för kommuner men utgör en viktig förutsättning för människors välbefinnande och välfärd, varför några miljarder av kommunala medel satsas på sådan verksamhet i landet. Sådana insatser har även stöd i grundlagen. I Regeringsformen anges att "Den enskildes personliga, ekonomiska och kulturella välfärd ska vara grundläggande mål för den offentliga verksamheten..." och det betonas vidare vikten av att "skapa goda förutsättningar för god hälsa" (SFS 2011:109, 1 kap., § 2).

---

[11] Som exempel kan nämnas att i Göteborg uppstod en konflikt om att kommunen under flera år hade finansierat möjligheten att låta kor beta i ett naturområde som ägdes av en förening. Politikerna i den kommunen var oeniga och frågan blev stort uppmärksammad i media (bl a i Göteborgsposten 2022-01-07).

[12] Noteras bör dock det som nämns i texten ovan: bibliotek är en kulturell fråga och icke frivillig för kommunerna, en skyldighet som gäller även i skolsammanhang.

Balans mellan kontroll och tillit

Kommunens ansvar är att förvalta medborgarnas skattemedel så att de får positiva effekter i samhällslivet och därvid också ha kontroll på hur dessa medel används. Samtidigt betonar staten i exempelvis utredningar civilsamhällets självständighet. "Hur ska man kunna förena nära samverkan och överföring av resurser, krav på kvalitetskontroll med organisationernas självständighet och oberoende? Behovet av att finna nya lösningar på "samverkansgåtan" verkar vara stor..." (Scaramuzzino & Jönsson 2017, s. 153). Frågan har nationellt och internationellt diskuterats och dokumenterats i rapporter, inte minst hur det offentliga påverkar civilsamhället i nämnda avseende.

Kommunernas verksamhet har under flera decennier präglats av styrningsfilosofin som sammanfattningsvis brukar benämnas "New Public Management" (NPM). Den bygger på tydliga och mätbara mål, kontroll och starka rapporteringskrav (transparens) samt kostnadseffektivitet. Syftet har dels varit att skapa ett system för att hantera och styra den interna ekonomin mer effektivt, dels att mer marknadsmässigt öka kvaliteten och med fokus på tydliga resultat. Kritik har i många sammanhang och av flera skäl riktats mot den styrningsfilosofin.[13] Bland annat har den idén setts som kontraproduktiv på grund av att kontroll och administration har eskalerat och motverkar kostnadseffektiviteten. Marknadsorienteringen främjar inte heller demokrati och

---

[13] Se exempelvis *Det omätbaras renässans* (2018) av Jonna Bornemark.

samverkan menar vissa forskare.[14] Idéerna, som utvecklats för näringslivet och konkurrenssamhället med fokus på mätbara resultat och mål- och resultatstyrning, har därför ifrågasatts som styrningsfilosofi i offentlig verksamhet. I takt med att organisationers relation till offentlig sektor blivit alltmer affärsmässig krävs insikter om betydelsen av detta förhållande för att undvika problem med målkonflikter i olika former av samverkan.

Dessutom finns flera studier som pekar på andra utmaningar när det gäller relationen mellan kommun och civilsamhället. I *Regeringens skrivelse 2017/18:246. En politik för engagemang – långsiktighet och oberoende för civilsamhället* (Regeringen 2018) konstateras att allt färre ideella föreningar anser att tjänstemän i offentlig sektor bidrar till ett öppet samtalsklimat och en ömsesidig dialog. Andelen föreningar som anser att tjänstemännen saknar tillräcklig kunskap om föreningarna och deras villkor har ökat (Regeringen 2018, s. 7). Forskaren Hans Abrahamsson (2019) betonar att samverkan med civilsamhället är en viktig framgångsfaktor men att stora förtroendeklyftor finns mellan myndighetsföreträdare och civilsamhällets representanter i vissa kommuner. Fruktbara och hållbara samarbeten bygger på att de präglas av ett tydligt vinna-vinna-förhållanden. Samarbetsavtal behövs där uppdrag och ansvar tydliggörs.

---

[14] Se till exempel *"Post-NPM, vad är det? Trender och empiriska iakttagelser kring alternativa idéer för den offentliga sektorn"* av Funck & Karlsson (2018).

Förutsättningar för samarbete

Man bör dock vara observant på att det finns skilda traditioner och organisationskulturer som präglar offentlig sektor och idéburna organisationer. Här finns ett spänningsfält som visar sig i två olika logiker, vilket kan beskrivas som att två skilda rationaliteter präglar verksamheterna: målrationalitet kontra värderationalitet.[15] Det kan visa sig bland annat i följande:

- Myndighetsutövande och krav på tydlighet om syfte och mål, regelverk, registrering, obligatorium etcetera kan stå i konflikt med föreningslivets autonomi, frivillighet och personligt engagemang. Formell och hierarkisk struktur kontrasteras mot en mer informell och platt organisation.

- Målstyrning med krav på kontroll, mätbarhet, (kostnads)effektivitet, transparens (målrationalitet) ställs mot föreningslivets värderationalitet med fokus på idé- och värdeinriktning, idealitet, tillit, `empowerment´ (egenmakt) (Orlenius 2020).

Kommunen har ett ansvar gentemot sin medborgare men civilsamhället har också ett ansvar. Det kan beskrivas med hjälp av två begrepp på engelska, `accountability´ och `responsibility´. Det förstnämnda är knutet till ansvaret i form av öppenhet och transparens vilket sker genom dokumentation och tydlig redovisning. Det ansvaret ligger i linje med styrfilosofin NPM (se ovan)

---

[15] Med *rationalitet* avses en grund eller motivering till varför man väljer något före något annat. *Målrationalitet* innebär att man utifrån sitt förnuft väljer (ratio (lat.) = beräkning, förnuft) att agera på ett sätt som leder till uppsatta mål. *Värderationalitet* innebär att man prioriterar värden som svarar mot övertygelser eller vissa önskvärda principer.

som präglar kommunal verksamhet, utkrävande av ansvar. `Responsibility´ är en fråga om moraliska förpliktelser, nära knutet till solidaritet, lojalitet och personligt ansvar, som ligger i linje med inte minst kyrklig social verksamhet. Poängen här är att visa att skilda rationaliteter har betydelse för samverkan. När sådana insatser diskuteras kan man spontant uppleva det som samförstånd men risken för missförstånd finns om man inte är medveten om grunder och villkor för insatserna.

Samverkan – samarbete – medskapande

I vissa kommuner, exempelvis Borås och Falköping, har politikerna (åtminstone i retoriken) anammat en styrningsfilosofi som ofta benämns tillitstyrning istället för den gängse som beskrivits ovan (NPM). Den är baserad på idéerna i en statlig utredning, *"Med tillit växer handlingsutrymmet – tillitsbaserad styrning och ledning av välfärdssektorn"* (SOU 2018:47). Tillitsdelegationen föreslår där ett kulturskifte, det vill säga en styrning och ledning som istället baseras på öppen och tillitsfull dialog mellan tjänstemän och politiker, gränsöverskridande samarbeten, lösningar med medborgaren i centrum och värdegemenskap med mera.

Vad har det som ovan sagts för betydelse för frågan om stöd och verksamhetsbidrag? Om en kommuns policy är att betala ut verksamhetsbidrag utifrån givna fastställda kriterier oberoende av civilsamhällets delaktighet är frågan i sig inget större problem. Däremot om man eftersträvar inte bara formell samverkan utan ett nära, förtroendeskapande samspel med olika ideella organisationer blir det problematiskt. I det fallet handlar det om i vilken utsträckning civilsamhällets organisationer är med på banan. Är det i form av formell samverkan, samarbete baserad på dialog eller medskapande av kriterier och prioriteringar inför beslut om skilda insatser?

En teoretisk modell som betonar medskapande i betydelsen *samspel på lika villkor* utifrån ett kommunalt perspektiv är följande:

Penta-helix

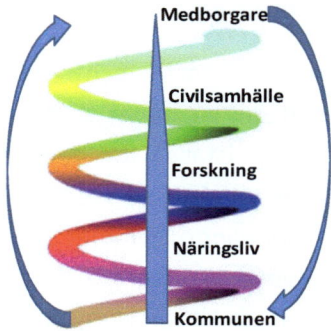

Fig. Modell för visualisering om samordning och samarbete

Helix är en spiral i tre dimensioner som likt en spiraltrappa kränger sig runt en axel i formen som en skruv. Triple-helix har stått som en modell för samarbete på lika villkor mellan offentliga sektorn, näringsliv och forskning. Penta-helix innebär samarbete som inkluderar två ytterligare aktörer: civilsamhället (idéburna organisationer) och medborgarna. Axeln i det här fallet symboliserar visionen om utvecklingsarbete i samspel och samordning mellan fem aktörer. Färgerna i figuren symboliserar olika perspektiv som aktörerna bidrar med.

Andemeningen i idén om tillitstyrning ligger i linje med ovan nämnda modell (Orlenius 2022). Verkligheten ser dock i allmänhet annorlunda ut. Det är inte ovanligt med skriftliga överenskommelser men då mer baserade på samverkan än medskapande såsom i ovanstående modell. Möten och processer ska utifrån nämnda modell kännetecknas av dialog och ett inkluderande arbetssätt. Oklarheten tycks dock ofta vara i vilken roll civilsamhället reellt kan agera: som samtalspartner eller med makt att påverka beslut om insatser? Om interna och externa aktörer ska samarbeta, baserat på tillit och långsiktighet, är tydlighet och insikt om kommunens respektive föreningslivets roller och funktioner en viktig förutsättning. Ett sådant nära samarbete baserat på tydlig rollfördelning med nära samordning kan kontrasteras mot den risk som forskare pekat på: hybridisering.[16] En sådan socialt inriktad verksamhet blir ett mellanting av kommunal institution och kyrklig verksamhet.

Frågan om hybridisering inkluderar ett spänningsfält som rör civilsamhällets skyldigheter och ansvar. Vad utgör grunden i sociala insatser? För en kommun handlar det om myndighetsutövning i form av lagar och förordningar gällande skyldigheter och ansvar för sina medborgare. Men vad är grunden för det kyrkliga engagemanget? De så kallade idéburna organisationerna är värdeorienterade men är de idébärande i betydelsen att de också i praktiken präglas och formas utifrån specifika värden? Och i vilka avseenden kan och bör det synliggöras i socialt arbete i kyrklig regi? Risken med hybridiseringen är att det värdespecifika successivt bleknar och målrationalitetens premisser blir vägledande.

---

16 Se vidare kapitel 4!

Ansvaret för vägval om verksamhetens inriktning och mål ligger hos organisationens ledning. Poängen här är att betona vikten av förankring och att det finns en genomtänkt idé hos framför allt en förenings ledarskap. Eldsjälar behövs som motor i en verksamhet, men motorn kan lätt haverera om den hamnar i en korseld av tyckande bland exempelvis medlemmar eller andra med starka åsikter. Eldsjälar behöver därför omge sig med lojala kritiker, det vill säga personer med mod som alltid ställer upp men också är konstruktivt kritiska. I den bästa av världar kan och bör en styrelse utgöra en sådan resurs.

Min erfarenhet av utvecklingsarbete är att berörda ofta tror att man är överens om målen men som tidigare sagts: samförstånd kan i grunden vara missförstånd – eller åtminstone oförstånd relaterat till bristande kommunikation. Även internt i en förening måste verksamhet byggas på tillit och medskapande mellan berörda parter. Välgörenhet är bra men i kommande kapitel pekas på att det måste finnas en medvetenhet som är mer djupt rotad än allmän välvilja att göra gott. Vad är grunden för värdegrunden i socialt arbete i kyrklig regi?

KAPITEL 3

Värdegrunden – men vad och hur?

Värdegrunden i retorik och praktik

Vid Idrottsgalan i januari 2024 utdelades Sportspegelns pris (SVT) till Otto Drakenberg för att han som chef för Fäktingsförbundet vid Internationella fäktförbundets kongress 2022 med emfas och stort engagemang betonat "vår värdegrund och demokrati". Det väckte spontana protester bland representanter från vissa andra länder när han riktade kritik mot bristen på mänskliga rättigheter där mästerskap skulle arrangeras. Det som i många sammanhang betonas i vårt samhälle, och ofta betraktas som mer eller mindre självklart, gäller inte i många andra länder. I många styrdokument i företag och offentlig verksamhet i Sverige, och inte minst i politiska proklamationer från olika partier, sammanfattas ofta mänskliga rättigheter under rubriken värdegrund. Det gäller numera även inom idrottsrörelsen och annat föreningsliv.

I föregående avsnitt har betonats att idéburna organisationer är värdeorienterade. De bygger på idéer och att vara en röst i samhället och därigenom påverka samhällsutvecklingen i olika avseenden. Även offentlig verksamhet betonar värden men skillnaden är att stat och kommun är myndighetsutövare samt mål- och resultatstyrda medan de idéburna organisationerna snarare bygger på frivillighet och personliga engagemang. Som föreningsfolk finns det anledning för även kyrkligt aktiva att fundera över värdegrunden i det sociala arbetet.

Begreppet värdegrunden

I detta kapitlet ska frågan om värdegrunden belysas mer ingående eftersom det är kärnan i det sociala arbetet i kyrklig regi – även om det i dessa sammanhang sällan benämns med ordet värdegrund. En biskop i Sverige menade för övrigt för flera år sedan att begreppet värdegrund är det sekulariserade samhällets motsvarighet och ersättning för Gud, vilket förvisso kan diskuteras. I Sveriges grundlag, Regeringsformen 1 kap. 2§, anges att "den offentliga makten skall utövas med respekt för alla människors lika värde och för den enskilda människans frihet och värdighet". Detta etiska förhållningssätt får med andra ord en juridisk status i lagstiftningen. Vissa sådana etiska riktlinjer behöver ibland lagstadgas. Därför behövs juridiken, och ju sämre det är ställt med etiken, desto större behov av juridiken.

Problemet med begreppet värdegrunden i den offentliga sektorn liksom i företagsvärlden är att värdegrunden tenderar att bli ett retoriskt begrepp som finns i tjusiga policydokument men har liten betydelse för den konkreta verkligheten (Orlenius 2013, 2016). En ordförande i en fotbollsförening berättade i en intervju att han krävt att föreningen skulle omarbeta sin antagna värdegrund. "Vi har angett `fotboll för alla´ i vår värdegrund men det måste vi ta bort för det lever vi inte upp till. När de är 15-17 år gamla blir det utslagning då tävlingsinriktningen blir mer uttalad".

Ibland tas värdegrunden för given, så kan också vara fallet i kyrklig verksamhet.

I boken *Värdegrunden – finns den?* (Orlenius 2013) diskuteras begreppet, dess innebörd och funktion i relation till skolans läroplaner. Slutsatsen som dras är att begreppet värdegrund är problematiskt om man därmed avser en fast, solid grund som alla är eller ska vara överens om. Värdegrunden är knappast något homogent, stabilt över tid och gemensamt för alla. I skolans värld får exempelvis läroplanens värden om jämställdhet och solidaritet ofta vitt skilda innebörder i den pedagogiska praktiken. Däremot kan grundläggande värden fungera som ideal. De kan fylla en funktion som instrument för tolkning och orientering. Vad är då problemet?

Risken är att begreppet värdegrund blir en etikett på ett paket som ingen riktigt vet vad det innehåller. Etiketten kan till och med dölja vad innehållet egentligen är. Alla tror att man är överens eftersom ingen har uppmärksamheten på dess konkreta innehåll – eller för att citera framlidne professorn i religionshistoria Christer Hedin (1999):

> Värdegrundens styrka och svaghet är den abstrakta karaktären. Ingen vill egentligen något annat än det som står i värdegrunden. Det innebär att värdegrunden i sig själv är innehållslös. Den måste konkretiseras. Om man låter bli att göra det så kan man vara överens med alla. Det är en idealisk metod om man vill skapa en skenbar gemenskap (s. 21).

Med andra ord: det intressanta är inte vad som deklameras och proklameras utan vad värdegrunden faktiskt betyder i praktiken, hur den gestaltas i verksamheten och tränger ned i verksamheter i organisationer, institutioner och företag. Som angetts ovan lyfts principen om allas människors lika värde och betoning av individens värdighet fram i svensk grundlag. Hur konkretiseras det i exempelvis i kyrkligt socialt arbete?

Ordet värde har nämnts flera gånger och det kan finnas anledning att klargöra vad som inryms i det begreppet. Ett värde kan vara av ekonomisk natur men i det här sammanhanget har det helt annan innebörd. Vad är då etiska värden? Ett sätt att definiera sådana värden är följande:

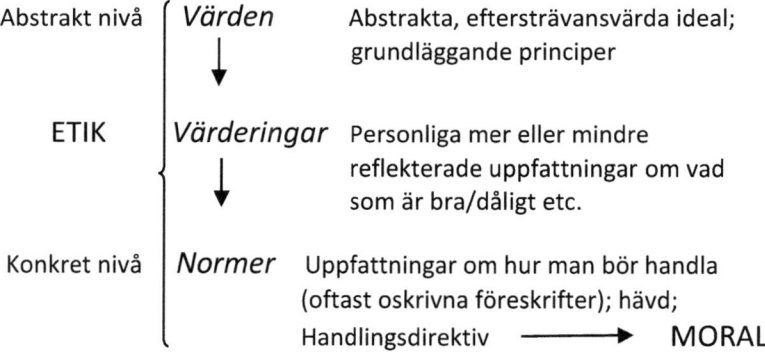

Etik definieras här som teoretiska övertygelser medan *moral* avser det praktiska handlandet och hur vi beter oss utifrån etiska perspektiv. Etik ses som värden i form av bärande principer, värderingar och normer som tillsammans utgör grunden för människors moraliska handlande (Orlenius 2016). Filosofen Peter Kemp utgår från Aristoteles syn på etik och hävdar att "etik är en människosyn, en vision om det goda livet", som Aristoteles uttryckte det, en vision om hur vi ska leva (1991, s. 35). En sådan syn på etiken kan ge vägledning men inte diktera handlandet i olika situationer. Däremot kan etiken visa sig i moraliska ställningstaganden och handlingar. Moraliska kvalitéer som visar sig en människans goda handlingar är liktydigt med dygder. Vilken betydelse har dygder om ett samhälle hyllar egoismen, Jag AB?

> Vår kulturs hedniska tendens avslöjas av att vi visar ett större intresse för människors framgång än för deras dygd/.../ den rimliga attityden inför en människa som nått framgång på bekostnad av sin inre människa är inte beundran utan sorg" (Halldorf 2022, s. 58).

Människosyn och människovärde

I kyrkliga sammanhang refereras mer frekvent till ord som människosyn och människans värde än till begreppet värdegrund. Människans värde kan ses som etikens hörnsten, men det är inget som kan föras i bevis utan fungerar snarare som ett axiom, det vill säga något som bara är eller bör vara för att främja mänsklig samlevnad. I skriften "Teckningar och beskrivningar över åtskilliga märkvärdiga folkslag på jorden, en lärorik läsning för ungdom", från mitten av 1800-talet, hävdades följande:

> Det är bekant att i forntiden ganska upplyste och hyfsade menniskor funnos i Egypten, men nu är hela den Afrikanska racen dum, ohyfsad, slavisk och rofgirig.

Ett sådant påstående var inte särskilt kontroversiellt i den dåtida världen, präglad av slaveri och kolonialism. Hoppar vi fram nästan hundra år i tiden till svenskt samhällsliv kommer en liknande ojämlik syn på människor till utryck. Ett svenskt rasbiologiskt institut bildades år 1922 (dvs. fyra år före grundandet av Tysklands motsvarighet), vars chef Herman Lundborg skrev:

Åt invandringen böra vi ägna stor uppmärksamhet, så att ej undermåliga individer av främmande folkslag få obehindrat inflytta och bosätta sig i landet.

Vilka politiska partier protesterade? Motionen var undertecknad av Hjalmar Branting, legendarisk profil inom socialdemokratin, och det rådde total politisk enighet i frågan. Kända personer som Ellen Key och makarna Gunnar och Alva Myrdal förordade i början av 1900-talet "en radikal utsovring av höggradigt, livsodugliga individer" och krävde kraftfulla steriliseringslagar. I industrisamhället fanns inte plats för så kallade hjon. Detta är några exempel på en människosyn som var då – men slår den igenom även idag?

Enligt filosofen Ofstad (1990b) är vår inställning till de svaga är ett mått på vår kultur.

> I stigande grad rangordnar vi människor som mer eller mindre värdefulla: elitmänniskor och mindre värda, A-lag och B-lag. Vår inlärda respekt för demokratins symboler gör att vi sällan använder sådana uttryck. Men verkligheten stämmer inte med symbolerna...
>
> I land efter land börjar man nu kräva lägre skatter och nedskärning av socialbudgeten. Eller med nazistens ord: Det finns inga skäl att ge ut pengar på dem som är dömda till undergång. Låt dem gå under. Det blir billigare – för de lyckade.
>
> I ord bekämpar vi imperialism, men i verkligheten lever vi gott, delvis tack vare andra länders fattigdom (Ofstad 1990a, s 12).

Citatet är hämtat från en bok publicerad år 1934, men är än mer aktuellt idag. Vilken roll har funktionsnedsatta människor och nyanlända flyktingar i ett konkurrensbaserat, nyttoinriktat och prestationsfixerat samhälle? Om acceptansen för svaghet är en värdemätare för samhällsutvecklingen torde det finnas anledning till eftertänksamhet. I ishockeyrinken får högavlönade, vuxna karlar emellanåt puckla på varandra alltmedan idrottsrörelsen lanserar etikkampanjer för att fostra ungdomen. Den kroppsligt välbyggda, den starke, långe och blonde, den offervillige, den som biter ihop och kan ta smällar, den som tiger när det behövs, är tapper och självsäker är idealet. Exakt så – parat med ett nationellt patos – beskrivs den ideale mannen av Hitler i boken "Mein kampf" (Orlenius 2013).

Det som är särskilt alarmerande är att svenska läkare såg rasbiologin som lösning på sociala problem och acceptans av tvångssteriliseringarna (ca 60 000 fram till 1970-talet) som en hjälp att förebygga personliga katastrofer. Läkare och veten-skapsmän i nazityskland tycks också ha varit välartade, goda samhällsmedborgare som ansåg att de handlade för det allmännas bästa (Lindquist 1991, s. 168). Poängen i det som sagts ovan om synen på svaghet (eller snarare vårt förakt av svaghet) är att det finns mycket i vår närliggande historia och dagens samhällsförhållande som står i bjär kontrast till det som borde vara en vedertagen och självklar syn på människan som individ och samhällsmedborgare.

När Hitler fått makten i Tyskland begränsades livet för judarna stegvis. Inledningsvis (1933) organiserades en bojkott mot judiska affärer. Två år senare fråntogs judarna sitt tyska medborgarskap och äktenskap mellan judar och så kallade arier förbjöds. Forskare förbjöds att arbeta vid universiteten. Judarnas skulle visa sin identitet med judestjärnan. Föraktet växte och eskalerade. Kristallnatten 1938 innebar en total isolering av de judar som inte flytt. Alla judar blev portförbjudna på badhus, biografer och i de tyska skolorna.

Den moraliska tillbakagången numera är tydlig och når ända in i den yttersta maktsfären. Författaren Göran Rosenberg (vars föräldrar överlevde Förintelsen) konstaterar att hets och hat mot utpekade grupper blivit en framgångsväg till politisk makt idag.

> Det som var omöjligt eller tabubelagt att säga om judar eller muslimer för tjugofem år sedan är rumsrent att säga i dag. I den mån vi hade hoppats och trott att minnet av Förintelsen skulle vaccinera oss mot antisemitism så är det uppenbart att vaccinet har slutat verka/.../ Vi lever på nytt i en tid där människor kollektivt pekas ut som roten till det ena eller andra av samhällets onda. En tid då hets-propaganda och konspirationsteorier på nytt tränger in i människors sinnen och förgiftar dem. En tid som på många sätt påminner oss om den tid där vägen mot Förintelsen en gång började (föredrag på Förintelsens dag den 27 januari 2024).

Tendensen tycks vara att vi är på väg tillbaka till de förhållanden som rådde för snart ett sekel sedan. Vad minns vi och lär av historien?

En tvärvändning gjordes i samband med den så kallade flyktingkrisen 2015. Dåvarande statsministern, Stefan Löfvén, klargjorde att det behövdes ett andrum i den svenska asyl-politiken. Andrummet innebar nedskärningar i Sveriges migra-tionspolitik med syftet att begränsa antalet asylsökande och avskräcka folk från att söka asyl i Sverige. Gränskontroller återinfördes och polisens möjligheter att verkställa deportationer ökade och det blev inskränkningar i rätten till familjeåterförening. Det ekonomiska stödet skärptes genom en ny lag. Asylsökande som fått avvisningsbeslut fick därmed inte något ekonomiskt stöd.[17] Listan kan göras lång om hur politikerna försökt överträffa varandra i sin fasta beslutsamhet. Många papperslösa sitter nu fast i en rävsax. De får inte stanna kvar i Sverige men de är å andra sidan inte välkomna till länder varifrån de kommer. De åtnjuter inte samhällets skyddsnät och det som då återstår är kriminalitet i olika former – eller att hanka sig fram främst med hjälp av sociala insatser i kyrklig regi. Den gruppen och en del andra finns inte heller med i den officiella statistiken om hemlöshet och fattigdom i Sverige. Mångas livssituation är i realiteten fjärran från det som anges i svensk grundlag: "den offentliga makten skall utövas med respekt för alla människors lika värde och för den enskilda människans frihet och värdighet". Rättssäkerheten gäller uppenbarligen inte alla. Tumskruvarna dras åt. Förbjud tiggeri så vi slipper se fattiga på våra gator! Ropen skallar otäckt.

Den *socialdarwinistiska människo*synen har alltmer slagit rot i världen under senare tid, inkluderat Sverige. De mest livsdugliga har störst existensberättigande, kampen för tillvaron kräver att de svagare sorteras bort eller åtminstone inte ska stödjas, framför allt inte välkomnas som främlingar. De som är närande ska hyllas och stödjas, andra betraktas som tärande. I motsats till detta

---

[17] "Flyktingvågen 2015-2016" antyder att landet översköljdes av invandrare. Det kom då ungefär lika många som utgjorde publik på två av Håkan Hellström senaste konserter på Ullevi i Göteborg. Idag, anno 2024, är invandringen minimal ändå skärps villkoren med nya lagar om medborgarskap, arbete och hög lön för att få arbeta och stanna i landet, gedigna språkkunskaper osv.

synsätt står en *human människosyn*[18] med betoning på människan som fri och ansvarig, en varelse som har ett egenvärde och rätten att bemötas med värdighet och med respekt för integritet. Det betyder att varje människa har rätt att erkännas och ingå en social gemenskap. Den innebär också att en människa alltid ska behandlas *som en person*, aldrig bara som en funktion. Hon är ett *mål i sig* och ska inte ses som bara ett medel. Hon ska bemötas *som subjekt*, aldrig bara som objekt. Detta kan ses som uttryck för det demokratiska samhällets grundvärden, framväxt ur kristen-humanistisk tradition. När människor inte får eller kan utveckla sina möjligheter till hälsa, kroppslig integritet, kärlek, vänskap, självrespekt och politiskt deltagande förhindras möjligheter till ett värdigt liv. Ett liv i fattigdom, social utsatthet, isolering och otrygghet innebär en kränkning av människans värdighet (Grenholm 2013).

> Av Kopernikus lär vi oss att en människa inte är mer än ett dammkorn i universum,
> av Darwin att hon inte är mer än ett djur,
> av Marx att hon inte är mer än materia,
> av Freud att hon inte är mer än sin sexuella lust,
> och av kapitalismen att hon inte är mer än konsument/producent.
> (enligt framlidne biskop Martin Lönnebo)

Citatet kan jämföras med det som anges i Psaltaren 8: "Vad är då en människa, att du tänker på henne/.../ med ära och härlighet krönte du honom". Människan har ett egenvärde, oberoende av funktion och livssituation.

---

[18] Ibland benämnd som personalistisk människosyn.

Motiv för socialt arbete på kristen grund

Vad ska vi göra med den vidriga judiska rasen? De lever bland oss och vi vet att de ljuger, förtalar och svär. Vi kan inte tolerera dem om vi inte vill dela deras lögner, deras förbannelser och förtal...

Låt mig ge er mina uppriktiga råd:

- För det första bör deras synagogor brännas upp, det som inte brinner upp måste täckas med gyttja/lera ['mud']...
- För det andra bör deras hus och hem förstöras. De måste huseras i stall som zigenare [romer], så att de inser att de inte är vårt lands herrar – såsom de stolt hävdar utan snarare är fångar – så att de ständigt klagar och ber till Gud.
- För det tredje bör deras böcker tas ifrån dem.
- För det fjärde bör deras lärare förbjudas att undervisa om dödens pina.
- För det femte bör de inte tillåtas att få röra sig fritt. Låt dem stanna hemma!
- För det sjätte bör de inte få ha ledande positioner ['charge interest']. Pengar, som tas ifrån dem, bör användas för att hjälpa judar som vill bli döpta.
- För det sjunde bör de sättas i arbete.

Detta citat skulle kunna vara hämtat från Hitlers skrift, *"Mein Kampf"*. Men sanningen är att det var kyrkofadern Martin Luther som publicerade uppmaningarna i sin skrift år 1543, *"On the Jews and their lies"* (Judarna och deras lögner). Han var dock inte ensam om denna destruktiva människosyn. I korstågen under medeltiden mördades judar urskillningslöst. År 1215 införde den dåvarande påven Innocentius III en lag som tvingade judar att bära ett judemärke på kroppen. Det var ett runt märke som symboliserade Judas silverpengar. Med andra ord: det var en påminnelse om att ingen skulle glömma att det var judar som var orsaken till Jesu korsfästelse och död.

Historien visar att samma destruktiva människosyn som idag härskar inom exempelvis den militanta islamismen har historiskt också funnits i kulturer som sympatiserat eller varit företrädare för den kristna kyrkan. Den människosynen borde tillhöra en förgången tid. Det väcker dock onekligen oro när man kan konstatera att klimatet hårdnar mot oliktänkande i dagens samhälle, både internationellt och nationellt. Stigmatisering och ifrågasättande av grupper i samhället blir alltmer utbredd.[19]

Tumskruvarna dras också åt för de som inte är närande i samhället och många kämpar för sin existentiella överlevnad. Livsdevisen och budskapet är: se till att du själv tar ansvar och ordnar upp så att du klarar dig i livet – annars hör du inte hemma här. Civilsamhället får alltmer ställa upp och stödja de som faller utanför samhällets välfärdssystem. Hur ställer sig kyrkor till denna utveckling? Vad är grunden för sociala insatser i kyrklig regi om man vill engagera sig? Grunden i sådan verksamhet behöver vara mer genomtänkt än bara ett allmänt tyckande, som till exempel: "det är synd om de som har det tufft i livet".

---

[19] Under 2025 ska påbörjas en utredning om invandrares värderingar om jämställdhet och hbtq-personers rättigheter mm. Det paradoxala är att en sådan borde i så fall gälla även personer på den politiska skalan ytterst till höger. Dessutom är det paradoxalt att det är en minister med liberala förtecken som har beställt den. "Varför ser du flisan i din broders öga när du inte märker bjälken i ditt eget?" (Matteus 7:4).

Bibelns syn på mänskliga rättigheter

Gamla testamentet innehåller förvisso texter om dom och straff men också en mängd texter om rättvisa och det som idag kan beskrivas som mänskliga rättigheter. Några exempel är följande:

- Ge de svaga och faderlösa deras rätt, låt de hjälplösa och fattiga få rättvisa (Ps 82:3)
- De betryckta ska se det och glädjas, ni som söker er till Gud skall få nytt mod, ty Herren lyssnar till de fattiga och föraktar inte de fångna (Ps. 69:33-34)
- Han räddar den fattige som ropar, den arme som ingen hjälper. Han förbarmar sig över de svaga och fattiga, räddar de fattigas liv (Ps 72:12-13)
- Handla rättvist och rättfärdigt och rädda den utplundrade ur förtryckares våld. Kränk inte invandraren, den faderlöse och änkan, bruka inte våld mot dem (Jer. 22:3)

Profeten Amos är starkt kritisk mot sina landsmän och säger att de förtrycker oskyldiga, tar mutor och hindrar de fattiga att få sin rätt. Att Gud står på den förtryckte och utsatta personens sida framgår i många sammanhang i Gamla Testamentet. De troende uppmanas också att ta ansvar och bidra med sina handlingar.

- Att förtrycka de ringa är att smäda deras skapare, ärar honom gör den som hjälper de fattiga (Ords 14:31)
- Den som gör sig döv för den fattiges rop skall själv få ropa utan att bli hörd (Ords 21:13)
- Höj din röst och döm rättfärdigt, försvara de fattiga och svaga (Ords 31:9)

I tredje Moseboken beskrivs hur folket i landet skulle göra för att bland annat hjälpa de fattiga med brödfödan. När skörden skulle inbärgas skulle man dels lämna kvar en del i ytterkanten av åkern, dels inte göra någon axplockning efter skörden. Likaså skulle man inte göra någon efterskörd av druvor i vingården eller plocka upp det som ramlat ned från träden. Det skulle lämnas kvar åt den fattige och åt främlingen (19:9). I femte Moseboken beskrivs att Gud inte har anseende till person och "ger den faderlöse och änkan deras rätt, älskar invandraren och ger honom mat och kläder". (10:18-19). Ännu mer konkret beskrivs i kapitel 14:28-29 om vilka insatser som behöver göras:

> Var tredje år skall du ta allt tionde av årets skörd till städerna och lägga upp det där. Leviterna, som till skillnad från dig, inte har fått någon andel eller egendom, liksom invandrarna, de faderlösa och änkorna som bor i dina städer, skall då få komma och äta sig mätta.

Profeten Jesaja instämmer och säger "dela ditt bröd med den hungrige, ge hemlösa stackare husrum, ser du en naken så klä honom" (58:7). Denna inställning till människor som är marginaliserade i samhället visar sig ännu tydligare och starkare hos Jesus, i hans budskap och handlingar.

Även i Nya Testamentet är frågan om stöd och utdelning av mat central. I ett sammanhang uppstår också en konflikt mellan de troende. Intressant är att det handlade om relationen mellan inrikes och utrikes födda judar samt ansvaret för det materiella kontra det andliga. Frågan löstes genom att man skapade en tydlig arbetsfördelning. Några fick särskilt ansvar för matutdelningen. Uppenbarligen blev det bra. Apostlarna (de tolv) bad om Guds välsignelse för de utvalda och "Guds ord hade framgång och antalet lärjungar i Jerusalem ökade kraftigt" (Apg 6:7).

Jesu människosyn

I flera sammanhang bryter Jesus mot de normer som gällde i dåtidens samhälle. Han talade inte bara om etik, han levde etiken och hans moral kom till uttryck i handlingar i det vardagliga livet och möten med människor. Han samtalar med en kvinna vid brunnen i Samarien (Lukas 10), vilket definitivt inte var populärt bland de religiösa judarna. Han lyfter fram ett barn som förebild för den som vill komma till tro (Markus 10). Han bjuder hem sig till en rik romersk tulltjänsteman, Sackaios, vilket förargar många i omgivningen (Lukas 19). Han botar personer som var sjuka, vilket folk ansåg berodde på deras syndiga leverne – dessutom på sabbaten vilket retade de religiösa fariséerna. Exemplen är många om hur Jesu människosyn går i klinch med det dåtida samhällets normer, till och med ända in i döden. När brottslingen Barabbas hänger på korset så ber han att Jesus ska tänka på honom när han kommer till sitt rike. Jesus svarade honom att "redan i dag ska du vara med mig i paradiset"– trots att Barrabas själv tyckte att han förtjänade sitt straff (Lukas 23).

Jesus är tuff mot de som hade hög status och var välbeställda i samhället. Han uppmanade sina åhörare att inte bjuda de rika utan de fattiga på middag eller om man skulle arrangera en fest (Lukas 14). Han hedrar den fattiga men generösa änkan som offrar sina pengar i tempelkistan, inte de rika som ger av sitt överflöd (Markus 12). En rik man med hög status i samhället kommer till Jesus och beskriver att han hållit buden i hela sitt liv och frågar "vad ska jag göra mer för att få evigt liv"? Jesus svarar att han ska sälja allt han äger och ge till de fattiga – ett svårsmält budskap för mannen (Lukas 18). Jesus förstärker det hela med att säga till den bedrövade mannen: "Det är lättare för en kamel att komma igenom ett nålsöga än för en rik att komma in i Guds rike" (v. 25). Det påståendet provocerade åhörarna som menade att då är det ju omöjligt. "Det som är omöjligt för människor är möjligt för Gud" blev svaret. Poängen är att Jesus bryter mot normen och strävan att uppnå status och materiell välfärd i samhället. Människan kan inte leva enbart av bröd, menar Jesus, och säger att han är livets bröd (Johannes 6). Det är det som ska vara grunden i en människas liv.

I kristna sammanhang diskuteras ibland vilken betydelse som gärningar har och bör ha, och hos Nya testamentets författare betonas det lite olika. I Jakobs brev varnas för tomma ord: "vad hjälper det en människa om någon säger sig ha tro men inte har gärningar? Inte kan väl tron rädda honom?" (Jakob 2:14). Författaren konstaterar kort: utan gärningar är tron död. Författaren är här också starkt kritisk mot att de troende visar förakt för den fattige och är mycket konkret för att visa det orättvisa i sådant bemötande:

> Tänk om det i er synagoga kommer in en man med guldringar på fingrarna och vita kläder och samtidigt en man med smutsiga kläder. Om ni då bara har ögon för den finklädde och säger till honom; `Här är en bra plats för dig´, men till den fattige `ställ dig där borta´ eller `sätt dig på golvet vid mina fötter´ - gör ni inte då åtskillnad och fäller orätta domar?" (v. 2-4).

Även om Paulus i sina brev framför allt betonar "rättfärdiggörelse genom tron" så finns det också där uppmaningar om att stödja behövande och tänka på andras välbefinnande. "Tänk inte bara på ert eget bästa utan också på andras" uppmanar han i

Filipperbrevet (2:4) och hänvisar till Jesus och hans sinnelag som förebild. Paulus tog initiativ till insamlingar och hyllar bland annat församlingar i Makedonien som gjort stora uppoffringar för att hjälpa andra. Men det mest intressanta för socialt arbete i kyrklig regi är det Jesus säger i slutet av sin levnad på jorden, beskrivet i Matteus kapitel 25: "Sannerligen, vadhelst ni har gjort mot en av dessa mina minsta som är mina bröder, det har ni gjort mot mig". Vad är sammanhanget? Han beskriver det som kommer att ske vid Jesu andra tillkommelse. De som hör till himmelriket prisas genom att han säger till dem följande:

> Jag var hungrig och ni gav mig att äta, jag var törstig och ni gav mig att dricka, jag var hemlös och ni tog hand om mig. Jag var naken och ni gav mig kläder, jag var sjuk och ni såg till mig, jag satt i fängelse och ni besökte mig.

Intressant och viktigt att notera i sammanhanget är att hans efterföljare uppenbarligen inte alls förstår vad han menar. "När gjorde vi allt detta?" Jesus klargör då att de som fått hjälp på olika sätt, de betraktar Jesus som "mina bröder". En god handling mot någon av de som är i behov av hjälp är liktydigt med en handling mot Jesus själv. En tolkning av sammanhanget är att de troende ser sina handlingar snarare som en självklarhet och naturlig livsstil än som medvetna val och förväntningar om belöningar i någon form. Det handlar om ömsesidighet och gemensamhet, inte om att betrakta varandra som starka respektive svaga. Solidariteten i detta sammanhang är baserat på ansvaret för medmänniskan och hennes unika och lika värde, där vi inte skiljer på vi och dom. Det innebär något mer och djupare än välgörenhet när den starke av välvilja hjälper den svage.

Konklusionen av det som beskrivits ovan är att det sociala arbetet bör vara en central och prioriterad del i kyrklig verksamhet. Det ska ses som en kärnverksamhet, inte som en sidoverksamhet. Ett ifrågasättande av sociala insatser är i grunden liktydigt med att ifrågasätta kärnan i hela evangeliet och den människosyn som Jesus företrädde i både ord och handling. Det är dock ingen självklarhet att det sociala arbetet har den dignitet och förankring i det kyrkliga vardagsarbetet som evangeliet förespråkar. I kyrkors verksamhet finns en rad praktiska och ekonomiska frågor om vilka satsningar och prioriteringar som ska göras: verksamhet för barn och unga, renovering av kyrkan etcetera. Inte sällan är det de som är mest högröstade och demagogiska som sätter agendan genom sitt eget tyckande. I den typen av diskussioner finns ofta värden, värderingar och normer underliggande och outtalade men de facto styrande om vad som beslutas. Några tycker si och andra tycker så. Poängen här är att ställa frågan: Vad är grunden för de prioriteringar som görs?

I tider med stark betoning på ekonomi och brist på pengar blir det lätt fokus på ekonomiska värden. Det som betonats här är värden som ibland brukar benämnas som "oförytterliga värden", det vill säga etiska värden som har ett inneboende värde i sig själv (egenvärde), som är goda och eftersträvansvärda ideal. Det som i socialt arbete i kyrklig regi främst bör vara grunden är den människosyn som Jesus ger uttryck för i ord *och* handling, som sätter fokus på alla människors lika och unika värde. En sådan människosyn erkänner individens rätt till ett värdigt liv, vilket också betonas i den svenska grundlagen. Det är kristen etik men etiken måste visa sig i moraliska handlingar annars blir den bara religiös fernissa, det blänker bara lite på ytan.

KAPITEL 4

Utmaningar och erfarenheter

I föregående kapitel har getts en översikt om vad som bör vara vägledande som motiv för aktiviteter och engagemang i socialt arbete i kyrklig regi. En annan premiss är att det lokala arbetets förutsättningar och villkor är unikt och inte bör eller kan plagieras. Dock har betonats att andras erfarenheter och forskning kan vara lärorika och bidra till utveckling i den egna verksamheten. En tredje aspekt är betoningen av att sådana sociala insatser behöver relateras och förstås i ljuset av det som sker i samhället.

Inflation och kraftigt höjda matpriser har drabbat de mest utsatta de senaste åren. Regeringens budget hösten 2024 innebar stor skattesänkning för rika personer och förmånligare villkor för de kapitalstarka, medan alltfler i övriga samhället får kämpa för sin överlevnad. Sådana beslut kan innebära en rad utmaningar för föreningslivet och andra organisationer. Vad innebär sådana prioriteringar för kyrkligt engagemang och insatser? Idén om välfärdsstatens värnande och säkerställande av välfärd för *alla* tycks successivt ha fallerat under de senaste decennierna. Det väcker bland annat frågor om civilsamhällets roll och dess relation till den offentliga sektorn. Samhällsutvecklingen tyder på att civilsamhället förväntas bidra med insatser i allt högre utsträckning. Det finns samtidigt tendenser till tydligare politisk styrning och krav knutna till bidrag och stöd som ges till föreningslivet och andra organisationer i civilsamhället. Det väcker frågor om beroende och oberoende. Hur ser relationen ut mellan förväntningar på civilsamhällets insatser och viljan till stöd och bidrag från den offentliga sektorn? Utmaningar är också knutna till former och inriktning om hur en socialt inriktad verksamhet i kyrklig regi kan och bör bedrivas.

Statlig styrning tystar röster

Civilsamhällets roll och betydelse har tidigare lyfts fram som en potentiell framgångsfaktor för samhället. Dess centrala roll, historiskt och under senare decennier, har betonats och förväntningar nationellt och på den kommunala arenan har ofta varit samstämmiga i det avseendet. Det bör dock också konstateras att signaler och tendenser inte är otvetydigt positiva idag. Många organisationer har haft anledning att ifrågasätta bristen på nationellt stöd och värdet av deras roll som resurs.

Kritiken har till och med varit massiv från delar av civilsamhället. En biståndsorganisation med mer än 200 medlemmar, Forum Civ, konstaterar att "Regeringen hävdar att de ser civilsamhället som viktiga samarbetspartners, det finns inget i deras agerande hittills som tyder på det". Bakgrunden är att bland annat att SIDA i mars 2024 fick i uppdrag av Tidöregeringen att utreda förändringar av stödet till civilsamhällets. Sida beslöt att riva upp samtliga avtal innan man redovisat sina förslag till förändrad organisation av stödet. Totalt handlade det om mer än 2 000 avtal som kom att påverkas.[20] Informationsbidrag hade tidigare slopats till sådana organisationer inom civilsamhället. Förändrad inriktning av bistånden har också kritiserats. En kritisk representant skriver följande:

> Det framgår tydligt i regeringens regleringsbrev för Sida att solidaritet och det humanitära perspektivet är totalt frånvarande. Istället ska svenska företagens vinster sättas i första rummet. Detta är inte vad världen behöver och med det missar den tondöva regeringen helt att lyssna till läget i världen/.../De borde lyssna på befolkningen, som vill ha solidaritet och delta i demokratisering i andra delar av världen (Marita Larsson i tidningen SYRE, 24-01-23).[21]

Fredsrörelserna och studieförbunden är andra delar i civilsamhället som nyligen har drabbats. Statligt stöd till fredsorganisationer i Sverige har funnits i nästan 100 år. Sammantaget fördelades under 2023 drygt 20 miljoner i stöd till 17 organisationer. Det stödet försvann. Bidragen till studieförbund minskas med 500 miljoner till 2026, vilket dock inte drabbar de som fattar sådana beslut. När den så kallade arbetslinjen prioriteras får även folkhögskolorna i hög grad stryka på foten. Kritiska röster tystas. Regeringen har beslutat att "Myndigheten för stöd till trossamfund" (SST) ska bli en del av "Myndigheten för ungdoms- och civilsamhällesfrågor" (MUCF) från och med 2026. Förslaget

---

[20] SIDA har enligt egna beräkningar angett att det krävs ca 420 årsarbetskrafter (nästan halv miljard kronor) under 2025 om SIDA ska ta över alla kontakter och förmedling av stöd och bidrag till lokala parter i världen. Beslutet om avtal har nu (oktober 2024) skjutits upp tills vidare.

[21] https://tidningensyre.se/2024/31-maj-2024/sabotera-inte-folkrorelsebistandet/

har i remissvar starkt kritiserats av regeringens stabsmyndighet, Statskontoret. Varför? Bland annat på grund av att "olika organisationskulturer" präglar verksamheterna. Mer konkret betyder beslutet att det är ett bra sätt att osynliggöra det man inte vill prioritera. Kraftig reducering av presstödet (t ex för tidningen Dagen) är ett annat exempel på att tysta röster. Listan kan göras längre. Poängen här är att betona att verksamheter i civilsamhället inte bör tystna i opinionsbildningen och inte heller ta för givet att den offentliga sektorn är välvillig och givmild långsiktigt. Det var i folkrörelserna som demokratin utvecklades. Om civilsamhällets röster tystnar hotas också demokratin på sikt.

Relationen civilsamhälle – kommun

Föreningslivet har varit en stark (organiserad) röst i samhället och det finns forskning som visar att civilsamhället i stort blivit alltmer av välfärdsleverantör (service). Folkrörelserna har fungerat som en plantskola för demokrati och på olika sätt påverkat samhälls-utvecklingen. Utvecklingen i civilsamhället har dock inneburit att det blivit allt vanligare att organisationer engagerar sig och driver verksamhet av mer institutionell karaktär och åtager sig uppgifter och ansvar om välfärd som åligger stat och kommun. Vissa forskare talar om hybridisering. Som framgått tidigare innebär det att civilsamhället tenderar att delvis hamna i den rollen som kommunen företräder, vilket framför allt gäller inom föreningar med stark koppling till den sociala sektorn. Hur kan eller bör sådana åtaganden och insatser balanseras och organiseras i relationen till föreningars rätt till självständighet och oberoende?

Homogeniseringstrycket från det offentliga systemets sida kan enligt detta resonemang betyda att egenarten hos organisationerna i det civila samhället försvinner och att de mer och mer kommer att likna den offentliga sektorn till sin uppbyggnad och sitt sätt att arbeta. Medarbetarna anpassar sig efter de offentliga normerna, och fokus förskjuts från de ideologiska och värdemässiga utgångspunkterna till hur man bäst uppnår social och politisk legitimitet. Det blir mindre viktigt att handla rätt utifrån vissa ideologiska principer än att göra rätt saker på rätt sätt i enlighet med de formella reglerna (Johansson & Meeuwisse 2017, s. 62).

Spänningsfält finns som behöver hanteras, men det finns också traditioner i både kommun och civilsamhälle som är av mer grundläggande natur, det vill säga grundläggande idéer som präglat och präglar villkor för utvecklingsarbete. Centrala frågor som lyfts fram i denna skrift gäller vilken väg en kommun väljer ifråga om styrning och ledning; traditionell mål- och resultatstyrning med fokus på kontroll och kostnadseffektivitet eller tillitsstyrning baserad på medskapande och samarbete på lika villkor. Vad är utgångspunkten när det gäller villkor och förutsättningar för samarbetet: kompletterar kommunen civilsamhällets verksamhet eller är civilsamhällets insatser ett komplement till kommunens?

Civilsamhället behöver rörelsefrihet för att kunna utvecklas på ett trovärdigt sätt gentemot de målgrupper man har att nå. En ökad styrning gör att civilsamhället riskerar att reduceras till tjänsteleverantör som inte kan utveckla sin potential eller utgå från invånarnas behov (Nystarapporten 2018, s. 34).

Svenska kyrkan är ett intressant exempel i det här samman-hanget. Relationen kyrka - stat ändrades år 2000 – efter att kyrkan under cirka 500 år varit starkt knuten till staten. Svenska kyrkan blev därmed en del av civilsamhället med en slags halvofficiell roll. Kyrkan styrs fortfarande via val med bland annat företrädare för politiska partier samt en särskild lagstiftning, *"Lag om Svenska kyrkan"* (SFS 1998:1591), som fastställdes strax innan skilsmässan. Den reglerar flera av kyrkans grundläggande fundament: teologisk inriktning, uppbyggnad och uppgift. Bäckström (2014) konstaterar att: "Svenska kyrkan uppfattas allt mer som en del av det civila samhället men frågan är vilka roller som kyrkan egentligen ska ha i detta samhälle" (s. 82). Så länge kyrkan var en del av staten var det inte möjligt att erbjuda professionella välfärdstjänster i egen regi och vara huvudmän för sådan verksamhet,[22] men möjligheten öppnades dock genom beslutet år 2000. Förväntningar om insatser av Svenska kyrkan besannades dock inte. De som istället agerade var privata, kommersiella aktörer. Leis-Peters (2014) konstaterar att Svenska kyrkans församlingar i stort sett är osynliga som välfärdsaktörer. Under det senaste decenniet torde ingen dramatisk förändring ha skett nationellt i det avseendet. Stadsmissionens sociala verk-samhet i form av ideella föreningar eller stiftelser är dock till viss del knutna till Svenska kyrkan som organisation.[23] Svenska kyrkans sociala insatser har främst varit fokuserade på en mycket omfattande diakonal verksamhet, inte på särskilda insatser inom åldringsvård, särskilt boende för vissa andra grupper etcetera. Svenska kyrkans resurser och dess roll i civilsamhällets visade sig

---

[22] Skattepengar fick inte användas för två konkurrerande verksamheter.

[23] Se vidare fotnot 40-41!

inte minst år 2015 då åtta av tio församlingar engagerade sig i mottaganden av asylsökande. 8000 frivilliga ställde upp och tiotusentals personer fick hjälp i flera olika former.

Mot ovanstående bakgrund (med fokus på diakoni) är det värt att notera vad forskarna Johan von Essen och Lars Svedberg konstaterar utifrån sin mångåriga forskning om civilsamhället:

> Om vi värderar den civilsamhällesmodell som vi haft i Sverige och de nordiska länderna högt, finns det sannolikt två hot mot denna modell och den kultur vi här beskrivit /.../ Det ena är en fortgående kommersialisering och det andra en allt effektivare professionalisering av det civila samhället och dess organisationer (von Essen & Svedberg 2020, s. 134).

Bidrag och beroende

Kommuner ger ofta verksamhetsbidrag till olika organisationer efter årliga ansökningar. Problemet för föreningslivet är osäkerheten som finns om långsiktigheten. Bidrag till aktiviteter och insatser är ofta baserade på temporära projektstöd. Ju större andel av verksamheten som finansieras av bidrag från exempelvis kommunen desto större sårbarhet och svårigheter med planering för åtaganden och utveckling. Projektberoendet är en faktor som hänger samman med den gängse styrningsfilosofin med fokus på kontroll och mätbarhet.

Räddningsmissionen i Göteborg har flera IOP-avtal inom den sociala sektorn och gör som tidigare nämnts en rad insatser som kompletterar kommunens uppgifter. Sådana avtal ger också möjlighet att arbeta långsiktigt och underlättar därmed all planering och olika insatser som behöver göras. De skapar förutsägbarhet och trygghet för organisationen. En kommun är dock inte alltid odelat positiv till långsiktiga överenskommelser på grund av försiktighet att låsa resurser inför kommande budgetprioriteringar. Här bör också noteras att Räddningsmissionens planerade satsningar med koppling till vissa andra förvaltningar och nämnder i Göteborg inte bemötts med samma välvilja.

Räddningsmissionens verksamhet kan ses som ett exempel på hybridisering. Den omfattar inte enbart hjälp med mat för dagen, boende, stöd och omsorg som kompletterar socialtjänstens roll och ansvar. Inom ramen för RM Socialt företagsamhet erbjuds arbetsträning och hjälp att komma in på arbetsmarknaden. Med projektstöd av Postkodstiftelsen finns ett produktionskök i anslutning till en av butikerna i MatRätt med målet att kunna erbjuda möjligheten ta ett steg närmare en anställning eller utbildning. Arbetsuppgifterna inom MatRätt är bland annat service, kassaarbete, livsmedelshantering, logistik, transport, lagerarbete, lokalvård med mera. Även i Mannaverksamheten och Lightverksamheten finns erfarenheter av arbetsträning. I Manna sker det i form av arbete i samband med utdelning av matkassar. I Lightverksamheten har det varit knutet till lunchverksamheten. I de senare fallen har det dock varit i betydligt mindre organiserad och utvecklad form än inom Räddningsmissionen. Den breda och omfattande verksamheten med kommunalt stöd inom Räddningsmissionen har dock *inte* inneburit att deras röst tystnat i samhällsdebatten. Tvärtom. De har mycket aktivt deltagit med information och opinionsbildning om hemlöshet och andra aktuella sociala frågor.

Lightverksamheten får efter ansökan verksamhetsbidrag från Mölndals kommun (2023). Även om kostnaderna totalt sett inte uppgår till mer än det belopp som kommunen bidrar med så utgör den ändå en ganska liten del i relation till de totala insatserna. Om man räknar in värdet (s.k. `in-kind´) av de arbetstimmar som volontärerna bidrar med (motsvarande ca fyra heltidstjänster) utgör det kommunala bidraget 20 procent. Därtill sker en egeninsats i form av fria lokaler (ingen hyreskostnad), värdet av erhållna matvaror, hygienartiklar med mera som delas ut. Ett skäl för denna fördelning av egna insatser kontra kommunala bidrag är att värna om det som kan sägas vara de idéburna organisationernas själ: frivillighet och `empowerment´ (egenmakt). Denna generella princip och vikten av integritet för civilsamhällets organisationer kan med andra ord kontrasteras mot risken för kyrkors beroende av kommunala bidrag för att driva en stor socialt inriktad verksamhet. Kraven har alltmer ökat på transparens när det gäller ekonomisk redovisning och att svara an mot mål och resultat i offentliga sektorn. "En avreglering för mångfald med fokus på civila samhällets utveckling har i praktiken följts av reglering för att kontrollera att friheten följer det statliga regelverket" (Bäckström 2014, s. 85).

Religion och tro – en resurs?

Fram till 1850-talet var statskyrkan det enda lagliga trossamfundet i Sverige. Frikyrkorna blev därefter en viktig del av den svenska demokratins avantgarde från mitten av 1800-talet, både när det gäller allmän och lika rösträtt i föreningar och genom att driva frågor, till exempel fackliga frågor (arbetarnas bättre villkor mm.) och rätten till rösträtt. I den ekonomiska krisen omkring 1930 lanserar dåvarande statministern Per-Albin Hansson sin vision om rättvisa och välstånd för alla, idén om det svenska folkhemmet. Under nästan hundra år har staten i Sverige därefter stått som en slags garant för välfärd i samhället. Parallellt med detta har pluralism och sekularisering slagit igenom alltmer.

Grundtanken i idén om sekularisering är att hålla isär det religiösa, som knyts till individen, och samhällsfrågorna som sköts av politiken och det offentliga i samhället. Detta särskiljande har dock alltmer kommit i gungfly. En mycket känd forskare och debattör är Jürgen Habermas från Tyskland. Utifrån sin marxistiska och kritiska teori profeterade han om sekulariseringens genomslagskraft och religion som en succesivt borttynande faktor i samhället. "När Habermas redovisade sin studie under tidigt 1960-tal utgick han från att religion var på utdöende" (Claesson 2013, s. 56). Till mångas förvåning gjorde han på 1990-talet en kovändning i sin analys av samhällsutvecklingen och synen på religionens betydelse. Han beskrev istället utvecklingen som post-sekulär och betonade vikten av religion som en viktig faktor och part i det offentliga. För Habermas står vikten av kommunikation och (deliberativa) samtal i fokus. Han menar att i de religiösa traditionerna finns erfarenheter och kunskap som är betydelsebärande och som behöver lyftas fram i det offentliga.

Många forskare (sociologer, teologer, statsvetare, historiker, filosofer m fl) har beskrivit tidsandan och religionens betydelse i nutid. Religion i olika former kommer alltmer till utryck i politiken, kulturen, media, idrottssammanhang etcetera. Socialminister Jakob Forssmed konstaterar dock att det råder "nästan en religiös analfabetism" på många håll i kommunerna. För att förbättra situationen ska en studie genomföras och redovisas 2026. En förstudie visar dock att endast 30 av Sveriges 290 kommuner har regelbundna och formaliserade kontakter med lokala trossamfund. Under pandemin förstod man dock alltmer att trossamfund var viktiga aktörer i krisarbetet, enligt myndigheten SST.[24] Alltfler kommuner hör av sig.

Även om intresset för religion har förändrats och i många sammanhang bejakats så finns det utmaningar i både politiska och intellektuella sammanhang. Jonna Bornemark beskriver sina egna erfarenheter:

> Idag finns en beröringsskräck gentemot det religiösa, tydligast i relation till de abrahamitiska religionerna som står det svenska kulturarvet närmast/.../ När jag presenterar mig som filosof möts jag mestadels av stor respekt där [min vän] teologen oftast möts med misstro och misstänksamhet om att hon vill frälsa alla. Vid sådana tillfällen tänks filosofen som representant för det sekulariserade samhället som uppfattas som neutralt. Teologen däremot tänks representera en dogmatisk religion och uppfattas därmed som en partsinlaga. En sådan reaktion är förstås en del av sekulariseringen och av att vetenskapen trängt ut kristendomen som övergripande förståelsehorisont i vår del av världen (Bornemark 2018, s. 220).

För människor från utomeuropeiska länder är ofta religion och kultur intimt sammanvävda. Att berövas det ena eller det andra innebär en identitetsförlust och att inte bli bejakad som hel människa. Religion och tro ses dock ibland som något positivt i offentliga sammanhang, idag dock gärna beskrivet (och delvis

---

[24] Källa: Tidningen Dagen 2024-10-16 Tillgänglig via: "Finns nästan en religiös analfabetism i kommunerna" – Dagen

Myndigheten för stöd till trossamfund (SST) – se s. 87f.

gömt) i termer av existentiell hälsa. Det är i många sammanhang inte så gångbart att tala om andlighet – vilket kan upplevas märkligt för inte minst väldigt många utrikes födda utifrån deras vardag och verklighet.[25]

Välfärdssamhällets kris – konsekvenser för civilsamhället?

"När landet leds av människor som likt skolmobbare söker efter sina svagaste offer så är vi alla riktigt illa ute" skriver författaren till boken *"Kravsamhället. Hur allt blev ditt fel"* (2024). Är det så illa ställt? Andreas Magnusson hävdar att politiker mer eller mindre struntar i konstruktiva lösningar på allvarliga problem i samhället – eller med andra ord: man nöjer sig i bästa fall med att sätta lite plåster på såren. Han menar att makthavare riktar blåslampan mot personer med svaga ekonomiska, sociala och fysiska resurser och successivt stramar åt kraven. Hårda krav väcker misstro och minskad tillit till individer och samhället. Vad stöder hans påståenden? Socialförsäkringens utgifter för 30 år sedan var drygt 9 procent av BNP, nu är den betydligt mindre (3,8%). Enligt Försäkringskassan (2024) är Sverige ett av länderna på den lägre halvan i Europa när det gäller transfereringar till ekonomisk trygghet, mätt utifrån sitt ekonomiska välstånd (BNP år 2021), vilket rimmar dåligt med Sverigebilden som välfärdssamhälle. Fattigdomen har inte minskat. Sjukersättning och

---

[25] Det engelska uttrycket "spiritual" har inte den särskiljande dimension som finns i begreppet existentiell och andlig, såsom det ofta uppfattas i svensk språktradition. Engelskans "Existential" kan förknippas med den filosofiska existentialismen, ofta kopplat till J. P. Sarte (även om Sören Kierkegaard kan betecknas som kristen existentialist).

assistens för behövande etcetera är ständigt ifrågasatt trots att sjukfrånvaron minskat de senaste två decennierna. Sjukfrånvaron i Sverige är inte heller hög i jämförelse med andra europeiska länder.

Den fattigaste femtedelen av befolkningen har under perioden 2003-2021 ökat sin reella disponibla inkomst med 1000 kronor per månad (dvs. efter utgifter för boende). Den rikaste femtedelen med högst inkomst har ökat sin månadsinkomst med 25 000 kronor. Mindre än en procent av svenskarna har kapital-inkomster på sammanlagt över 150 miljarder kronor per år medan nära 90 procent har noll kronor netto i kapitalinkomster. Till detta ska läggas försämrat socialt och ekonomiskt skydd för de mest behövande. Forskning visar att ojämlikhet vittrar sönder samhällen och hotar ramverket för ett socialt hållbart samhälle. Kallifatides & Sjöberg konstaterar i sin rapport att *"Alla får det inte bättre"* (2023).[26]

Välfärdsstaten och tanken om folkhemmet tycks vara i viss upplösning. Försörjningsstöd ses som tärande för samhället och ska minskas till ett absolut minimum. "Den som inte är närande får lära sig ta eget ansvar" tycks ofta vara devisen som präglar synen på människor i behov av särskilt stöd. Hemlöshet och fattigdom tycks ses som självförvållad. Utifrån den människosyn som är beskriven i föregående kapitel borde det istället handla om att se människor *i* svårigheter snarare än *med* svårigheter och med syftet att ge alla lika goda förutsättningar för tillgänglighet och tillgång till möjligheter att uppnå skilda mål. Rätten att känna sig inkluderad i samhället innebär ett förhållningssätt som

---

[26] Antalet miljardärer har ökat de senaste 25 åren från ca 30 till ca 550.

grundar sig i den etiska grundprincipen om respekten för alla människors lika och unika värde (Orlenius & Bigsten 2013). Så är verkligheten uppenbarligen inte idag.

Göteborg är en av Europas mest segregerade städer. Jämlikhetsrapporten (Göteborgs stad, 2023) visar att gapet mellan de rikaste och fattigaste delarna i staden har fördubblats under det senaste decenniet. Skillnaden i invånarnas disponibla inkomst mellan Bergsjön i nordost och Långedrag i den södra delen är nästan 700 000 kr per år. Ojämlikhet mellan områden i staden i betydelsen boendesegregation har också ökat. En annan stor ekonomisk utmaning är att den demografiska utvecklings-kurvan för inrikes födda pensionärer stiger brant uppåt. I takt med åtstramningar för att fördela pensionsutbetalningarna till allt fler skapas också allt fler "fattigpensionärer". Cirka 300 000 pensionärer lever idag under den så kallade fattigdomsgränsen.[27] Fram till 2030 kommer antalet äldre som är över 80 år stiga med mer än 40 procent. Det betyder en ökning från 580 000 till cirka 800 000 personer. Lägg därtill att nativiteten är mindre än 1,5 per kvinna, vilket är den lägsta siffran som uppmätts någonsin.[28]

Invandring – kostnad eller resurs?

Allt fler äldre och allt färre unga är ingen bra prognos inför framtidens välfärd. Samtidigt ropar viktiga sektorer efter arbets-kraft. Redan idag uppger sju av tio kommuner att de har svårt att

---

[27] Den relativa fattigdomsgränsen innebär en inkomst som är mindre än 60 procent av medianinkomsten i Sverige.

[28] Reproduktionsnivån för att befolkningen inte ska minska nationellt är 2,1 barn per kvinna. Antalet barn födda i Sverige år 2023 var det lägsta sedan 2003 (då var befolkning ca 1,6 miljoner färre än 2023).

få anställda till hemtjänsten och äldreomsorgen. Under 1960-talet var det stor brist på arbetskraft. Det fanns då en "arbetskraftsreserv" i Sverige: kvinnorna. En stor satsning gjordes därför på utbyggnad av daghem. Att kvinnorna kom ut på arbetsmarknaden samt invandring från Finland, f.d. Jugoslavien med flera länder skapade goda förutsättningar för hela näringslivet. Det nödvändiga arbetstillskottet som har skett på arbetsmarknaden under det senaste decenniet är tack vare utrikes föddas bidrag på arbetsmarknaden.

> Dagens bekymmer med att bemanna verksamheterna inom äldreomsorgen kommer att vara en västanfläkt jämfört med svårigheterna om 20 eller 30 år (Ledare i Göteborgsposten, 2024-02-10).

Exempelvis äldreomsorgen och hemtjänsten riskerar att kollapsa. Många politiker försöker överträffa varandra i löften om att skicka tillbaka och stoppa så många invandrare som möjligt samt begränsa alla utgifter till ett minimum. Hur går den här ekvationen ihop? Politiska beslut på nationell nivå tycks vara mer präglade av att vända kappan efter vinden från höger än genomtänkta analyser av vad som rimligen bör beslutas. Solidaritet och att vara solidarisk tycks handla om att värna den som är solid och arisk. Det som sällan har hörts i debatten är att drygt 80 procent av ensamkommande pojkar som 2015 sökte och fick uppehållstillstånd (huvudsakligen 16-åriga pojkar från Afghanistan) hade arbete i november 2022, enligt en rapport från SCB. Motsvarande andel för utrikes födda kvinnor var nästan 70 procent. Tre av fyra kvinnor jobbar inom sektorn vård och omsorg eller sociala tjänster, vilket gäller för cirka 35 procent av männen (vilket för övrigt kan jämföras med andelen bland svenskfödda personer: ca 5%). De som av många förklarats som icke önskvärda i landet utgör i praktiken en ovärderlig och efterfrågad resurs av arbetskraft. Slutsats? Fler behöver flytta hit – inte härifrån...

I mediadebatten om invandring har under det senaste året ofta fokus legat på frågan om nyanlända som en kostnad för samhället och ytterst som ett hot mot välfärdssamhället. Ett annat sätt att förstå frågan är att se nyanlända som en resurs, inte bara kulturellt utan även ekonomiskt.[29] Det förstnämnda perspektivet är kortsiktigt och det senare långsiktigt. Det förra pekar på nyanlända som ett problem, det senare som en möjlighet för utveckling. Ytterligare ett exempel är SCB:s undersökning om andelen 25-åriga kvinnor som påbörjat högskoleutbildning 2023. Av kvinnor födda i Sverige, vars föräldrar också är födda i Sverige, har 57 procent påbörjat högskoleutbildning. För kvinnor födda i Sverige med två utlandsfödda föräldrar är andelen högre, 62 procent, vilket är en stor ökning från år 2004 (då 37 procent). Tyvärr dominerar synen på invandrare som en belastning för samhället.[30]

> Sedan humanismens fördämningar brutits känns det inte längre som att det finns några egentliga gränser för hur långt politiker kan gå i angrepp på utsatta minoriteter.

---

[29] Åren 2016-2017 var det stora utgifter knutna invandringen och många hade varnat för ohållbara statsfinanserna men överskotten visade sig vara var de högsta på helt decennium (Hansen 2022).

[30] Under de senaste 20 åren har andelen utrikes födda nästan fördubblats i Sverige (från 11 till ca 20%) och uppgår numera till ca 2 miljoner. Om även andelen personer inräknas som har föräldrar som båda är födda utrikes är andelen drygt 25 procent.

Politiker fångar upp en misstro som finns hos människor och politiken sprider ny misstro/.../ Misstro är som ett gift. Om vi slutar tro gott om våra medmänniskor kommer vi också frånta våra medmänniskor möjligheten att göra gott. Vi blir till i varandras ögon. Vi blir vad vi gör varandra till (Magnusson 2022, s.195f).

När den sociala omsorgen inte räcker till för alla, ekonomin fallerar och folkhemmet knakar i fogarna – då öppnas marknaden även för kyrkorna. Inledningsvis har gjorts några historiska tillbakablickar. Hundra år tillbaka tog folkrörelserna stort ansvar för människors välbefinnande. För drygt femtio år sedan fanns en framstegsoptimism, och tron på den sociala ingenjörskonsten som innebar att den offentliga sektorn genom politiska beslut skulle kunna forma god välfärd för alla. Det tänkta resultatet i form av välfärdssamhället har naggats rejält i kanten. Nu tycks vi snarare vara tillbaka mot ruta 1. Men vilka förutsättningar finns och till vilket pris ska kyrkor nu engagera sig? Vad är mål och medel? Är det rimligt och önskvärt att den offentliga sektorn alltmer abdikerar från sitt ansvar och civilsamhällets insatser tar över många delar? Politiker säger ofta att resurser saknas och på statlig och kommunal nivå hänvisas och läggs ofta ansvaret på den andre – och då återstår civilsamhället som räddare i nöden. Politik handlar om resursfördelning och prioriteringar. Lokalt är problemet även ofta knutet till revirtänkande i förvaltningar och nämnder, där ingen vill ge avkall på det egna. Även om lokala förutsättningar avgör vad som är rimligt och möjligt i åtagandet för idéburna organisationer finns det anledning att uppmärksamma mer generella utmaningar inom socialt inriktad verksamhet i kyrklig regi. Kyrkors socialt inriktade insatser är starkt knutna till samhällsutvecklingen.

Kulturella utmaningar

I detta kapitel har inledningsvis belysts utmaningar med koppling till den offentliga sektorn och samhällsutvecklingen. Erfarenheter och forskning pekar också på utmaningar som gäller mötet med människorna och bemötandet av de som kommer till social verksamhet i kyrklig regi. En ungdomsledare i en kyrka som kände flera unga, nyanlända personer fick en fråga om varför hon inte tog med några av dem till kyrkan. "Om de inte har blivit frälsta inom en kvart så är de inte intressanta..." blev det korthuggna svaret. Uppenbarligen hade ungdomsledaren kritiska synpunkter på både kollegors bemötande och verksamhetens former.

Även i kyrkliga sammanhang finns kulturella utmaningar. I kyrkors socialt inriktade verksamheter finns ofta människor med högst olika kulturell bakgrund. I många kyrkor har människor välkomnats och fått ett positivt bemötande. Men för vissa är det förenat med ett ofta outtalat villkor: de ska bli som oss. Det främmande är ibland skrämmande. Många tycks se invandring som orsak till kriminalitet och andra problem i samhället. Etnicitet ses som orsak till samhällsproblem i stället för socio-ekonomiska faktorer. Verkligheten är ofta komplex och mångfacetterad. Generaliseringar och attityder i "svart och vitt" däremot förenklar och förhindrar förståelse och utveckling.

Attityder och hantering av kulturella olikheter är exempel på kulturella utmaningar. Den så kallade "olikhetsfällan" innebär att *likheter* inom andra grupper, men också inom den egna, ofta överskattas. Exempelvis normer och kulturella mönster generaliseras. Muslimer betraktas som en enhet och med likartade normer och värderingar även om skillnaderna är lika stor som mellan de som utger sig för att vara kristna. Som kristen person kan man känna stor samhörighet med många andra troende, både kända och okända. Donald Trump i USA har gärna framträtt med Bibeln i hand och hyllas av många kristna men ifrågasätts dock mycket starkt av andra.[31] Personligen kan jag inte definiera mig och kalla mig kristen om man tar hans sätt att vara och uttrycka sig som måttstock. Tolkningar av den kristna tron har även under århundranden gett upphov till många olika inriktningar och konflikter. Ofta överskattas likheter när någon talar om framför allt andra grupper i samhället men även inom den egna gruppen. Påståenden om såväl islam som kristendomen blir ofta grova generaliseringar.

Men även *olikheter* mellan den egna gruppen och andra grupper överskattas. Skillnader uppfattas ofta som större än vad de i själva verket är. Det finns exempelvis grundläggande skillnader mellan islam och kristendomen, men det finns också mycket i Bibeln som förenar de troende. Att många muslimska barn i Sverige finns i barngrupper i kyrklig regi förvånar en del. Det är inte den kristna tron som är problemet för de flesta muslimer i Sverige utan snarare sekulariseringen.[32] De olikheter som råder i

---

[31] Trump poserade med en stor Bibel i sin hand utanför en kyrka i de efterföljande protesterna mot polismordet av afro-amerikanen George Floyd. Hans agerande är sammanfattningsvis ett exempel på korruption av kristen tro och hur den kan utnyttjas för egna syften.

[32] Exempel: Jesus (benämnd Isa på arabiska) är en viktig person och profet enligt islam, men ses inte som Guds son och frälsare. En troende muslim skulle inte heller kalla sig för Guds barn, ett uttryck som dock förkommer flera gånger i Bibeln (t ex Joh 1:12). Den vanligaste beskrivningen i Koranen på Gud (Allah på arabiska) är barmhärtig vilket tycks stå i kontrast till mångas bild av religionen islam. En del av innehållet i Gamla testamentet finns också beskrivet i Koranen.

förhållande till den egna gruppen ses också ofta som brister eller svagheter (Stier 2004). Andra grupper ses som ett problem och förklaras som orsak till problem i samhället, ett effektivt sätt att utse syndabockar. "Kulturell tillhörighet framkastas som en förklaring till arbetslöshet, missbruk, kvinnoförtryck, bidrags-beroende, gruppkonflikter, ohälsa, utanförskap eller kriminalitet" (a.a., s. 149). När "vi" som infödda svenskar har problem är det istället andra faktorer som utgör förklaringsgrunder: uppväxt-förhållanden, ADHD-problem, olyckliga omständigheter etcetera. Identifiering av problemet riktas ofta emot de andra, inte våra egna värderingar och förhållningssätt, vilket också leder till att åtgärder riktas mot de som är utanför gemenskapen. Även i kyrkliga sammanhang finns ibland ett "vi-och-dom-tänkande". Olikheter betonas och fungerar som ett isär skiljande av minoriteter gentemot majoriteten. Det är sällan oviljan att bli inkluderad som är problemet för nyanlända utan snarare svårig-heten att bli mer accepterad i det annorlunda. Det finns alltså anledning att vara uppmärksam på grundläggande attityder och värderingar i en organisations verksamhet, om man tar sin utgångspunkt i Jesu människosyn och hans sätt att förena tanke och handling – inte minst hans bemötande av utsatta i samhället.

`Bonding´ och `bridging´

I forskningssammanhang används ofta två begrepp som kan bidra till att beskriva och analysera kulturella utmaningar, `bonding´ och `bridging´ (Putnam 2000). `Bonding´ betyder sammanbind-

---

Motsvarigheten till Jesus i kristendomen kan i islam sägas vara Koranen, eftersom Koranen härstammar och är den direkta uppenbarelsen av Gud enligt islam.

ning och att upprätthålla nära anknytning. När nyanlända, exempelvis från Ukraina, kommer till Sverige söker man närhet och trygghet hos de man känner och har liknande erfarenheter. `Bonding´ innebär att stärka sammanhållningen inom en grupp, en avgränsad gemenskap från övriga i samhället. `Bridging´ betyder överbryggning och handlar om att bygga broar över gränserna till andra än den egna gruppen. Här riktas fokus mot att skapa nya relationer och överbrygga sociala skillnader och klyftor. I Lightverksamheten erbjuds gratis lunch för vissa personer med missbruksproblem samtidigt som andra gäster betalar. Den förra gruppen söker sig ofta till varandra och blir mer eller mindre isolerade från övriga i samhället. I lunchverksamheten skapas ett socialt rum och möten som syftar till överbryggning. En utmaning i socialt arbete är att å enda sidan respektera och förstå behovet av `bonding´ och å andra sidan stimulera intresset och viljan till `bridging´. `Bonding´ stärker guppen internt men `bridging´ stärker sociala band och gemenskap externt.[33]

Sverige – landet annorlunda?

En vanlig fråga när man träffar en okänd person är "var jobbar du?". Yrke och arbete är en viktig del av identiteten som svensk. Den värderingen är inte självklar i alla kulturer. Detta är exempel

---

[33] Begreppen bonding och bridging är knutet till begreppet socialt kapital, dvs. på individnivå handlar socialt kapital om tillgång till bestående resurser och relationer i form av olika former av nätverk. "Socialt kapital är antalet kontakter multiplicerat med graden av förtroende i dessa kontakter" enligt forskaren Bo Rothstein. Rothstein betonar i sin definition frågan om tillit, men det är också knutet till normer och värderingar inom en grupp. De två typerna av socialt kapital (bonding och bridging) behöver inte utesluta varandra som fenomen i sociala sammanhang.

på hur attityder och värderingar kan utgöra spänningsfält och påverka bemötande och kontakter i kyrkliga sociala sammanhang. Många asylsökande kommer från kulturer som präglas av värderingar som står i stark kontrast till de som är gängse i Sverige. Historikern Lars Trädgårdh beskriver Sverige som "landet annorlunda" – en stark individualism förenad med stark social tillit till samhälle och stat. Det senare innebär bland annat att vara arbetsam och skötsam, att följa lagar och regler. Alla förväntas arbeta och bidra till samhället. Sverige som land präglas också av en stark sekularisering i motsats till kulturer med mer traditionella värderingar. Traditionella värderingar i många andra länder i världen betonar istället vikten av religion och värderingar knutna till familj samt betoning av auktoritet, och de utgör en viktig del av vardagsliv och samhällsliv. Patriarkaliska kulturer präglar ofta både familj och samhälle. Det kan vara en stor utmaning när värderingar och normer krockar i samtal och vardagliga situationer. I den bästa av världar kan intressanta kulturmöten uppstå men också motsatsen om inte dialog är grunden i kommunikationen.

Organisationskultur: vad är verksamhetens DNA?

Att leda en verksamhet som i hög grad är baserad på volontära insatser är en betydligt svårare uppgift än att leda verksamhet i yrkeslivet. I den beskrivna Lightverksamheten finns drygt 30 medarbetare, samtliga går vid olika tillfällen till arbetsuppgifter i kyrkan och de jobbar frivilligt. För alla som leder en sådan verksamhet är en viktig fråga: Varför vill volontärerna medverka och bidra i sina uppgifter? Hur skapas lojalitet och arbetsglädje?[34] Även här handlar det om kultur, i betydelsen organisationskultur. Men vad är god organisationskultur? Ibland beskrivs det som "något som sitter i väggarna" och ibland i termer av trivsel och god atmosfär. Det som formar förutsättningar för trivsel och arbetsglädje är både det som är synligt och ofta osynligt – eller åtminstone outtalat. En hjälp att förstå denna komplexitet är följande modell:

Synligt i verksamheten -
om än svårtolkat ibland

Kulturella uttryck

Ledarskapsstilar
Organisationsformer
Beteenden etc.

Synligt på en
principiell nivå

Artefakter

Policy
Visioner
Mål etc.

Osynliga
Förgivettagna
Oreflekterade

Grundläggande värden

Människosyn
Samhällssyn
Värderingar
Normer

Fig. Edgar Scheins modell (1985): Organisationskultur

I en verksamhet finns det en hel del som tydligt syns och kan beskrivas. Det gäller exempelvis hur saker och ting utförs och är organiserade, vem som leder verksamheten och hur denne och medarbetare agerar och andras reaktioner. Det som också ofta

---

[34] Frågan om motiv för att delta volontärt i föreningslivet har bl a belysts i en doktorsavhandling av Johan von Essen (2003) och forskningsrapporten *"Medborgerligt engagemang 1992-2019"* (2020). Hans forskning har bl a behandlat frågorna: vad kännetecknar hybridiserade organisationer som platser för ideellt arbete och vilken mening tillskriver ideellt engagerade i sådana organisationer sina insatser?

finns – men dock inte alltid är tydligt för medarbetarna – är mål och policy i verksamheten. Sådana dokument är ofta skapade och formulerade vid skrivborden, förmedlade som information men sällan internaliserade som kunskap hos medarbetare. Det som dock är organisationens kärna och själ är det som *inte* syns och sällan kommuniceras och som finns längst ned i pyramiden, benämnt som grundläggande antaganden. Här handlar det om värden, värderingar och normer som kommer till uttryck i handlingar i verksamheten. Det är det som är verksamhetens DNA. Scheins modell förklarar varför föregående kapitel utgör en viktig del i denna skrift. Lite förenklat svarar den översta delen på frågan "VAD är det som sker?". Den andra delen svarar på frågan "HUR är det tänkt att vara?". Medan den nedersta delens huvudfråga är "VARFÖR sker det som sker?".

"Varför kommer du hit till oss?" Frågan ställdes till en av besökarna i Lightverksamheten i Mölndal. "När jag kommer hit så är det någon i kyrkdörren som räcker fram handen och säger: Varmt välkommen! Det hör jag aldrig annars." Det vänliga och varma bemötandet var liktydigt med respekt för honom som person. Det är i sådana stunder och sammanhang som värderingar och normer kommer till uttryck. I verksamheten möter medarbetarna inte "missbrukaren" utan "Anders som har problem med missbruk". Det är i sådana handlingar och hur man talar som synen på människans värde visar sig.

För att tydliggöra Scheins modell om organisationskulturens innebörd och roll kan ett visst ogräs i vår trädgård få utgöra en illustration. Växten är vackert lila, ser ganska oansenlig ut men vacker i den för tillfället gröna gräsmattan.[35] Dessutom betraktas den inte som ogräs i Kina för den används i kinesisk medicin och anses ha antiinflammatoriska egenskaper. För en utomstående ger det lila inslaget ett trevligt intryck men för mig är växten – om inte ett problem – åtminstone ett irritationsmoment. Det är inte blomman som sådan utan det som är därunder som skapar frustration. Rötterna är ganska kraftiga och breder ut sig och hindrar det gröna som jag vill ha i gräsmattan. Det som är under ytan kväver annat i dess närhet att bli synligt. Scheins modell vill belysa att det som sker i en verksamhet kan se bra ut på ytan, men det som är avgörande är ofta det som inte är direkt synligt utan visar sig i underliggande värderingar och handlingar i form av god eller sämre moral. Även om det kan se funktionellt och bra ut på ytan kan kulturen vara destruktiv i dess konsekvenser för en del berörda. Om något ska växa och utvecklas avgörs av rotsystemet.

Ibland uppstår situationer där konflikter utmanar goda värden och normer i organisationskulturen. Konflikter kan vara mer djupgående och rotade i långvarigt missnöje och ibland har det blivit en "höna av en fjäder". Konflikter uppstår emellanåt och är ibland nödvändiga för att synliggöra förhållanden för att komma vidare. Tiden läker inte alltid sår och har en tendens att dränera energi i det praktiska arbetet. Konflikter är dock ett normaltillstånd i arbetslivet och finns också i kyrkliga samman-hang. Det som är avgörande är hur de hanteras och på vilka grunder.

---

[35] Även om blommorna är lila kallas den för brunört, vilket beror på den färgen förr benämndes som brun. Växten finns i stora delar av världen.

Inledningsvis i boken har beskrivits några exempel om socialt arbete i kyrklig regi. Det gemensamma för dessa är att de till stor del bygger på volontära medarbetare. I en av dem utgör medarbetarna i stort sett enbart av församlingsmedlemmar, i en annan är det flera volontärer med helt annan social och kulturell bakgrund. Det finns en homogenitet i den förra gruppen till skillnad från den andra, heterogena gruppen. I det senare sammanhanget fick man under en månad stänga viss verksamhet för att med teambildning skapa enhet och samförstånd. Å ena sidan är det lättare att få arbetet att fungera och mindre konfliktfyllt i den homogena gruppen. Å andra sidan hjälper man människor i den heterogena gruppen att skapa gemenskap och meningsfullhet och att få uppleva den kristna trons betydelse – om kommunikationen och ledarskapet fungerar och har förmåga att hantera utmaningarna. Konflikter och spänningsfält behöver hanteras. Vissa saker kan vara förhandlingsbara, andra är icke-förhandlingsbara. Centralt i dessa sammanhang är: På vilka grunder sker bemötande och beslut? Vad är verksamhetens värdegrund och hur visar den sig i konkreta handlingar och utmaningar?

Ledning och styrning av verksamheten

Som framgått ovan, en idéburen verksamhet baserad på huvudsakligen volontära insatser är ett fögderi som är mer komplext att leda än vad som generellt gäller i yrkeslivet. Hur rekryterar och behåller man personer som förväntas jobba gratis? I yrkeslivet kan anställda ibland stå ut med en del gnissel för man får åtminstone lön. I föreningslivet kan alla volontärer säga "jag går hem och kommer inte tillbaka mer". I yrkeslivet kan man ibland höra uttrycket "man måste ha roligt på jobbet". Det gäller i ännu högre grad i volontärt arbete. Att främja upplevelsen av arbetsglädje och delaktighet är centrala aspekter i all ledning av sådan verksamhet. Ska man få någonting gjort är det dock alltid frestande att fråga de som egentligen *inte* har tid (!). Då blir det i regel gjort. Eller för att citera en person som hade upplevt kraven i en kyrklig verksamhet: "Ger man dom lillfingret så tar de hela handen". Det gäller att agera klokt och ansvarsfullt som ledare.

Motiv för att arbeta ideellt

 Erfarenheter från volontära insatser i de verksamheter i Göteborgsområdet som beskrivits pekar på betydelsen av gemenskap och upplevelsen av arbetsglädje. En av volontärerna i exemplen från de tre beskrivna verksamheterna förklarar sitt engagemang: "Jag älskar det här och tycker det är så roligt att träffa nya människor. Det är väldigt meningsfullt att få vara med och också känna gemenskapen i arbetet. Jag har svårt att tänka mig hur det skulle gå om jag inte hade haft det här". Den amerikanske psykologen Louis Penner har pekat på några motiv för att engagera sig i hjälporganisationer (2002), bland annat humanitära värderingar, viljan att lära sig något nytt, önskan att träffa nya människor och önskan att förbättra sitt självförtroende och den egna självbilden. Flera andra forskare pekar på personliga egenskaper som motiv för sitt engagemang.

 I sina studier betonar Penner två centrala faktorer: medkänsla och ansvar för andra (`Other-oriented Empathy´) samt viljan att göra insatser för att hjälpa (`Helpfulness´). Louis Penner drar följande slutsatser (utifrån statistiska analyser i form av faktoranalyser):

- Ju starkare uttryck för religiös övertygelse, desto fler organisationer arbetar man för, desto längre varaktighet i tid och desto mer tid spenderar man på volontärarbete.
- Religiositet (i jämförelse med andra faktorer) har den starkaste betydelsen kopplat till engagemang och aktivitet i volontärt arbete.
- " However, these results do suggest that one should include some measures of religiosity in any comprehensive examination of the causes of volunteerism" (2002, s. 457). Det citatet är med andra ord en uppmaning att inkludera religiositet i undersökningar som rör volontärers engagemang i hjälpverksamhet.

Det bör observeras att studien är drygt 20 år gammal och genomförd i USA.[36] Det väcker frågan: "Vilka motiv och vilken betydelse har motiven idag för att arbeta i socialt inriktad verksamhet i kyrkligt sammanhang i Sverige?

Motivet för att arbeta ideellt i föreningslivet har varit stabilt över tid. Forskare konstaterar att det som värderas högst är att delta i ett gott sammanhang, att göra något konkret inom det område som engagerar och möjlighet att visa medkänsla. Citatet som nämnts ovan från en aktiv volontär är representativt för många när det gäller vad som påverkar engagemanget. Mötet med andra, nya människor, gemenskapen och meningsfullheten att få göra något konkret är viktiga motiv.

---

[36] Penner påpekar att sambandet mellan religiositet och volontärt arbete inte utgjorde studiens primära fokus men påpekar att resultatet är mycket intressant.

Tabell 16. Motiv till ideellt arbete (2019). Angivet i medelvärden för dem som arbetar ideellt[37]

att du deltar i ett gott sammanhang eller gemenskap när du arbetar ideellt?	5,7
att du gör något konkret inom det område du är engagerad	5,5
att du kan visa medkänsla med personer som har det sämre än vad du har	5,5
att du känner dig behövd när du arbetar ideellt?	5,3
att du lär dig mer om det du arbetar ideellt med?	5,2
att du blir mer tillfreds med dig själv?	5,1
att du lär dig genom de praktiska erfarenheter du får av att arbeta ideellt?	5.1
att du arbetar ideellt tillsammans med vänner?	4,7
att du får kontakter som kan hjälpa dig i arbetslivet?	3,2
att kunna skriva in i ditt CV eller få ett intyg på att du har arbetat ideellt?	2,6
att du upplever ett tvång eller förväntan från andra att arbeta ideellt?	2,4
att du kan uttrycka åsikter i frågor som är viktiga för dig?	5,2
att du kan förändra samhället?	4,4

Studierna visar att exempelvis aspekter som medkänsla (som uttrycker en altruistisk värdering) har ökat sedan en tidigare mätning (4,9 år 2014). I statistiska analyser identifierar forskarna en dimension som de menar består av tre olika komponenter: vilja att förändra samhället, uttrycka åsikter i frågor som är viktiga samt att visa medkänsla med personer som har det sämre. Inom organisationer med social inriktning tycks denna dimension vara

---

[37] De intervjuade har angett hur viktiga motiven är på en skala från 1 till 7 där 1 betyder att motivet inte betyder något för dig, och 7 betyder, att motivet betyder mycket för dig. *Källa*: von Essen & Svedberg (2020, s. 38).

särskilt framträdande. Forskarna i studien definierar denna komponent som en politisk dimension, men min uppfattning är att den alternativt också kan ses som en moralisk sådan.[38]

Det finns vissa tendenser till minskat engagemang i föreningslivet och det kan variera i olika typer av föreningar. Engagemang visar sig också i nya former. Föreningslivet är starkt knutet till folkrörelsetraditionen men nya typer av organisationer och nätverk skapas (inklusive sociala medier). Det kan på sikt få allt större betydelse för möjligheten att rekrytera medarbetare men också viljan att delta i verksamheter i kyrklig regi. Vad betyder nya former för ideellt engagemang? Ideella organisationer förknippas med delaktighet och gemenskap som mervärde men om exempelvis engagemang huvudsakligen "förflyttas" till sociala medier – vad betyder en sådan utveckling när det gäller rekrytering och engagemang långsiktigt i föreningslivet? De studier som refererats ovan är genomförda för mer än fem år sedan. Gäller resultaten fortfarande? Skiljer sig motiven för att vilja delta med volontära insatser i socialt arbete i kyrklig regi? För långsiktig utveckling av sådant arbete är eventuella förändringar en utmaning och viktig fråga att studera och diskutera. En faktor, som bör lyftas fram för att vilja arbete ideellt, är ledarskapets betydelse.

Chefskap och ledarskap

Möjligheten för medarbetare att uppleva arbetsglädje och gemenskap är relaterad till organisationskulturen (se ovan). Den är sin tur i hög grad beroende och formad av ledarskap och

---

[38] Se definition sidan 70.

114

styrning av verksamheten. Det finns här anledning att uppmärksamma skillnaden mellan att vara chef och att vara ledare. Chefskap bygger på att inneha en position, en befattning som är baserad på en utnämning av en styrelse eller dylikt och innebär ansvar för ett specifikt, formellt uppdrag. Utifrån det uppdraget kan man utöva makt och inflytande. Det innebär också någon form av utkrävande av ansvar (`accountability´). Ledarskap däremot innebär en roll som är legitimerad underifrån, i betydelsen något som utvecklas över tid genom tillit och en förtroendeskapande hållning. Här är fokus istället på moraliska förpliktelser, solidaritet och personligt ansvar (`responsibility´). Utifrån den tilliten kan man som ledare motivera och stimulera andra att göra insatser och utvecklas. I det ledarskapet ingår att organisera verksamheten så att alla berörda får komma till tals och kan utveckla sina potentiella förmågor och möjligheter. Det är skillnad att ha sin auktoritet baserad på chefskap eller på ledarskap. Det är ledare av en verksamhet som formar en god kultur och är kulturbärare. Som ledare skapar man tydlig struktur och tillitsfull kultur. Att bli sedd och hörd är centralt för varje medarbetare och grunden för upplevelsen av tillit.

I mitt pedagogiska yrkesliv har jag haft en chef som av olika skäl uppmärksammades av vissa som progressiv och visionär. Han uttalade sig gärna i officiella sammanhang om den goda personalen och sa ibland att "jag har personalen bakom mig". Jag och andra kollegor kunde dock konstatera att han glömt ett ord: "*långt* bakom mig". Hans agerande var i vissa fall direkt kränkande mot vissa kollegor. Han var förvisso förordnad och fungerade som chef men hade inte en auktoritet som ledare.

Forskaren Louis Penner betonar att "Organisationen kan inte bara rekrytera volontärer utan måste arbeta för att maximera volontärernas delaktighet i organisationen" (2002, s. 464). Om det sker utvecklas en identitet i rollen som volontär vilket leder till långsiktigt engagemang. Att skapa delaktighet och tillit är en process. Ett barns förmåga att känna tillit är baserat på erfarenheter knutna till primärsocialisation. Teologen Løgstrup tar barnet som utgångspunkt i sina resonemang och menar att barnet känner från början bara tillit utan förbehåll. Om barnet inte får ett gensvar övergår tillit i misstro. Løgstrup menar att vi som människor är "varandras värld och varandras öden" (1994, s. 48), vilket innebär att vi är utlämnade åt varandra. Det betyder att en fundamental förutsättning i och för livet är frågan om tillit. Denna tillit är given i skapelsen, den beror inte på oss själva. Att medarbetare upplever delaktighet, gemenskap och uppskattning i arbetet är centralt inte bara för relationen mellan medarbetare utan också något som ofta konkret upplevs av de som besöker och möter de som arbetar i en verksamhet.

Ledarskap i såväl yrkeslivet som i socialt arbete i kyrklig regi ställs inför utmaningar och ibland ifrågasättande. Ledarskap utan mod är dock liktydigt med abdikering från ansvar och beslut. Ledningen måste ha mod att fatta välgrundade beslut och kunna motivera vad, hur och varför. När ifrågasättanden möts med auktoritärt bemötande är det inte sällan ett uttryck för bristande auktoritet. Osynliggörande, förlöjligande och undanhållande av information är destruktiva beteende som undergräver uppbyggande av tillit och motverkar arbetsglädjen. Det är härskartekniker som förtrycker. Motsatsen är att respektera, informera och inkludera och acceptera att "alla gör så gott man kan".

Ledares moraliska agerande, grundad i en etisk omdömes-förmåga, kan skapa en organisationskultur där medarbetares vilja att bidra och ta ansvar stimuleras.

Rekrytering och reklam

Som tidigare nämnts visar studier att mer än hälften av befolkningen (16-84 år) har arbetat ideellt någon gång under senaste året, enligt befolkningsundersökningen 2019. Det är internationellt sett en hög andel, högre andel än i Danmark men lägre än i Norge. Andelen som arbetar ideellt har ökat bland de äldre (75-84 år) (von Essen & Svedberg, 2020).[39] Studier har också visat att sannolikheten för att delta i volontärt arbete i föreningslivet är högre om man har en akademisk utbildning, familj och stadig inkomst och att det finns en föreningstradition i familjen där man är uppväxt. Sambandet mellan att arbeta ideellt och att ha vuxit upp i ett hem med föreningsaktiva föräldrar är tydligt.

> 2019 års befolkningsstudie visar också att de som arbetat länge och många timmar är de som högst värderar att visa medkänsla och att göra något konkret, samt kunna förändra samhället genom sitt ideella arbete. Dessutom instämmer de mer än andra i påståendet att alla har en moralisk skyldighet att någon gång arbeta ideellt. De som ingår i civilsamhällets kärntrupp ger alltså mer än andra ideella uttryck för värderingar som ligger nära folkrörelse-traditionen (von Essen & Svedberg 2020, s. 27).

Nämnda forskare konstaterar också att ungefär hälften hade börjat arbeta som volontär efter att de fått höra om det ideella

---

[39] Författarna visar i en tidigare studie (2010) att 70% av regel-bundna gudstjänstbesökare gör ideella insatser mot 40% av övriga.

arbetet av någon de känner eller för att en närstående var medlem i organisationen. Endast en dryg fjärdedel börjar för att de redan är medlemmar i organisationen.

> Att eftergymnasial utbildning, tillgång till andra sociala arenor som att ingå i nätverk på fritiden och att göra informella insatser samt att de egna föräldrarna har varit föreningsaktiva har återkommit som viktiga faktorer sedan 1992 visar på varaktigheten i de förhållanden som bidrar till att människor arbetar ideellt. Att de faktorer som bidrar till ideellt arbete är så stabila över tid torde bidra till att det ideella arbetets omfattning och struktur har förändrats relativt blygsamt (a.a., s. 34).

Forskarna noterar att påståendet i deras undersökning om att det är moraliskt uppfordrande att arbeta ideellt över tid har fått ett svagare stöd i befolkningen samt att det är allt fler som instämmer i att ideellt arbete kan ersättas av insatser av offentlig sektor. Forskning tyder dock på att engagemanget varit stabilt under flera decennier, vilket kan bero på folkrörelsernas starka (infra)struktur och betydelse. Samtidigt har det tidigare i denna bok konstaterats att under de senaste åren har medlemsutvecklingen pekat nedåt.

Det vanligaste sättet att rekrytera medlemmar till en organisation är direktkontakter. Ett sätt att rekrytera nya medarbetare och få ekonomiska bidrag är att göra reklam för verksamheten. Räddningsmissionen har en gedigen och utförlig information på sina hemsidor och är aktiva i sociala medier. De gör utskick digitalt och via brev, och under 2023 nämndes Räddningsmissionen 136 gånger i media. De deltar aktivt i opinionsbildning. De kontaktar potentiella givare telefonledes, informerar och strävar efter att rekrytera fler månatliga givare.

Lightverksamheten i Mölndal syns däremot inte i media och är även synlig högst marginellt på den egna kyrkans hemsida. Räddningsmissionen är en koncern som baseras på insamlingar, stor sponsring av företag, testamenten och kommunala bidrag. Som nämnts har man cirka 260 anställda och lika många volontärer (2023) och fungerar som ett stort företag – dock inte med målet att maximera vinst och sådan utdelning. Lightverksamheten är nästan helt baserad på volontära insatser och prioriterar småskalighet för att värna om kvaliteten utifrån sina förut-sättningar.[40] Målet är inte att öka antalet utan att värna om de som kommer till verksamheten och att medarbetarna ska känna arbetsglädje och ställa upp för varandra. I dagsläget har antalet gäster på måndag, onsdag och fredag bedömts som ett rimligt antal i förhållande till de resurser som finns. Om utvidgning av verksamheten ska göras krävs ytterligare resurser. Risk finns ofta för betoning av kvantitet på bekostnad av kvalitet.

Hur inryms socialt arbete i andlig verksamhet?

Räddningsmissionen i Göteborg, liksom Stadsmissionen, är para-kyrkliga organisationer vars verksamhet har specifikt fokus på sociala insatser men inrymmer andliga rötter och sådana inslag i verksamheten.[41] DreamCenter är en annan organisationsform

---

[40] Som jämförelse kan nämnas Riksorganisationen Sveriges Stadsmissioner som erhåller totalt drygt 60 miljoner i olika former av bidrag, varav ca hälften från Postkodlotteriet. Merparten av bidragen fördelas till de tio medlemsorganisationerna (2023).

[41] Stadsmissionen grundades i Stockholm år 1853. På deras hemsida anges att "rötter finns i den kristna tron" men också: "Idag har våra medarbetare och besökare i våra verksamheter olika livsåskådningar

vars identitet är starkt kopplad till sociala insatser men har nära kyrklig förankring genom dels kopplingen till Frihamnskyrkan, dels den kyrkliga delen "DreamCenter Church", med andlig inriktning i egen regi och bibelskola. Socialt arbete i de lokala församlingarna som beskrivits (Frihamnskyrkan i Göteborg och Pingstkyrkan i Mölndal) kan inte sägas vara det som utgör kyrkans specifika identitet – även om den delen ses som en del av kärnverksamheten. En intressant fråga är hur de parakyrkliga organisationerna uppfattas av medborgare i samhället. Ses de som enbart välgörenhetsorganisationer? Hur uppfattar anställda och volontärer det som utgör verksamhetens värdegrund? Och hur kan lokala kyrkor möta och stödja människor utan att exkludera andra delar i sin verksamhet. Hur kan kyrkan möta och inkludera såväl kroppsliga, sociala, ekonomiska som andliga behov?

> De människor som befinner sig utanför Frälsningsarmén får förmodligen intrycket att det är en social organisation, eller välgörenhetsförening av något slag. Visserligen med epitetet kyrka framför, men det tror jag kan försvinna i den beskrivning av det sociala arbetet som görs. På de sociala nätsidorna så blir också det ekonomiska stöd som Frälsningsarmén ber om för att kunna utföra det sociala arbetet, ett huvudinslag och på så sätt så förstärker det intrycket av att det sociala arbetet är Frälsningsarméns enda uppdrag /.../ För Frälsningsarmén innebär det att det finns en utmaning och det är att tydliggöra kopplingen mellan det sociala arbetet och den teologiska grunden för den i sin självpresentation, så att man inte tappar bort sin identitet

---

och Stockholms Stadsmission missionerar inte. Vi är en ideell organisation, fristående från kyrkan". Stadsmissioner finns på 10 platser i landet, i Göteborg sedan 1952.

eller sitt uppdrag som kristen kyrka i dagens Sverige (Bååth 2018, s. 43f).

I en uppsats vid Uppsala universitet drar författaren ovanstående slutsatser. Det som där diskuteras är den självförståelse som finns inom Frälsningsarmén, hur medlemmar förstår och uppfattar sin identitet och sitt uppdrag som kyrka.

Social verksamhet har blivit en allt viktigare och vanligare företeelse i flera kyrkliga sammanhang, inte minst i församlingar inom Pingströrelsen. Verksamheten benämns ibland som socialt center. Benämningen kan kontrasteras mot det i kyrkliga sammanhang mer vanliga begreppet diakoni. Socialt center är mer gångbart i ett sekulariserat samhälle liksom existentiell hälsa istället för begrepp som diakoni och andliga behov.[42] Men det Bååth pekar på i sin uppsats är att hur vi talar om saker och ting (diskursen) också får betydelse för hur vi agerar. Begreppet socialt center är nära knutet till institution medan diakoni förknippas med kyrklig själavårdande verksamhet. En utmaning i det sociala arbetet är att skapa tydlighet om vilken dignitet den delen bör ha.

Räddningsmissionen har i sina stadgar (2017) beslutat att verksamheten ska ha följande inriktning:
1. diakonal handling
2. diakonal mobilisering
3. diakonal opinionsbildning.

---

[42] Det engelska uttrycket "spiritual" har inte den särskiljande dimension som finns i begreppet existentiell och andlig, såsom det ofta uppfattas i svensk språktradition. Engelskans "Existential" kan förknippas med den filosofiska existentialismen, ofta kopplat till J. P. Sarte (även om Sören Kierkegaard kan betecknas som kristen existentialist).

/.../ Räddningsmissionens ändamål ska uppfyllas genom att bedriva verksamhet inom diakonalt och socialt arbete, skola, vård och omsorg.

I stadgarna används begreppet diakonalt som ett övergripande begrepp men samtidigt görs en särskiljning mellan diakoni och socialt arbete i texten ovan. Begreppet diakoni används marginellt i informationen om verksamheten på hemsidorna, enbart när det gäller "Gatukyrkan och diakoni".

Inom Svenska kyrkan finns en stark tradition av diakonalt arbete. Här finns ofta anställda personer med utbildning.[43] I till exempel Mölndal har Fässbergs församling en stor verksamhet med utdelning av mat till 100 registrerade personer i veckan, varav flertalet utrikes födda. Detta är en del i den diakonala verksamheten och leds av anställda diakoner. Som jämförelse kan nämnas att i Pingstkyrkan i Mölndal har funnits en diakon som under många år arbetat volontärt men som inte ingått i ledningens veckomöte de senaste åren. Det uppdraget har numera också begränsats och synliggörs inte på personnivå. Däremot är Lightverksamheten ett medel att skapa kontakter för diakonala insatser. I församlingen finns en Omsorgsgrupp som volontärt också har ansvar för diakonala insatser. Förutom Lightverksamheten har Pingstkyrkan i Mölndal andra insatser som rör socialt arbete: en stor Second hand-verksamhet som också erbjuder arbetsträning i samarbete med Arbetsförmedlingen. I Frihamnskyrkan (Göteborg) finns förutom Mannaverksamheten

---

[43] För en historisk översikt över diakonins utveckling och ställning inom Svenska kyrkan hänvisas till doktorsavhandlingen *"Församlingen i granskningssamhället"* av Stig Linde (2010), kap 2.6 med rubriken "Från kyrkotukt till frivilligt socialt arbete".

även LP-stiftelsen med gudstjänster på tisdagskvällar och med koppling till DreamCenter. Problemet med exempelvis LP-verksamheter är att de tenderar att bli sårbara när de bärs och drivs av några få "eldsjälar" istället för att utgöra en del i ett lagarbete. Varje gren i verksamhetsträden tycks ibland leva sina egna liv och fungera relativt oberoende av varandra – risken finns för revir, sårbarhet och brist på helhetstänkande.

Slutsatsen av det ovan sagda är att det finns anledning att i allt socialt arbete i kyrklig regi betänka dess dignitet och roll. Är det enbart en sidoverksamhet eller utgör det en kärnverksamhet där helheten är mer än summan av kyrkans olika verksamhets-grenar? Följande synpunkter är värda att betänka:

> Min slutsats är att en sådan identitetskris i så fall har uppstått över tid, på grund av det sociala arbetet givits allt större plats i rörelsen, samtidigt som förändringen inte har förankrats i teologin. Detta har fört till en ihålighet och en utarmning av den innersta kärnan i det som är kyrkans diakonala ansvar och det sociala arbetet utförs därför utan att det finns en gemensam syn eller ett gemensamt språk för hela rörelsen, som förklarar varför man ska ha ett så stort socialt arbete. Intrycket som ges, speciellt i det publika materialet, är att Frälsningsarmén har blivit en "normal" välfärdsaktör inom socialt arbete, vilket verkar ha lett till att det sociala engagemangets teologiska grund urholkats (Bååth 2018, s. 42).

Syftet med det som angetts i rubriken och texten ovan är att bidra till att skapa tydlighet om det sociala arbetets roll i kyrklig verksamhet. Det handlar inte om att ifrågasätta sådana insatser. En kyrka som inte tar ansvar för det som sker i samhället blir introvert och blundar för kärnan i evangeliet. "Vid kyrkporten står de som saknar ISK-konto" var rubriken i en artikel på ledarsidan efter regeringens framlagda budget hösten 2024 (Aftonbladet 2024-09-21).[44] Stark kritik riktades från flera håll mot prioriteringarna som främst gynnar de som redan är priviligierade ekonomiskt och socialt i samhället. Behovet av kyrkliga insatser tycks inte minska framöver. "Skärholmens kyrka gör ett oerhört viktigt arbete. Liksom alla hjälporganisationer och frivilliga. De bär i dag anständigheten på sina axlar", enligt skribenten Anders Lindberg, tillika politisk redaktör i tidningen.

Föregående kapitel har visat varför socialt arbete utifrån ett teologiskt perspektiv är en självklar del i kyrklig verksamhet. Det är denna "innersta kärna" som måste synas, tydliggöras och bevaras. Annars reduceras värdeorienteringen och man går istället vilse i orienteringen av skilda aktiviteter.

---

[44] ISK = Investeringssparkonto som är en förmånlig sparform för de som har råd att spara – och som blivit ännu mer förmånlig i regeringens budget, som tillsammans med 27 miljarder i skattesänkningar främst gynnar starka höginkomsttagare. En del är ibland kritiska och betraktar sådana påstående som partipolitik, men jag hävdar att det är ytterst en fråga om etik och moral.

KAPITEL 5

Hur mäta effekter av verksamheten?

Som man frågar får man svar

Svaret på frågan om vilka effekter verksamheten får beror på utgångspunkterna hos den som ställer frågan i en undersökning. För vissa ansvariga och medarbetare kan antalet nya medlemmar i församlingen vara det mest intressanta resultatet. För andra är intresset att få kunskap om människors mest basala behov för överlevnad och värdigt liv det primära. För vissa är det fokus på kvantitet i betydelsen antalet personer som fått någon form av hjälp, för andra handlar det om kvalitet i betydelsen att kunna tillgodose och möta existentiella, sociala och materiella behov för den enskilde individen. För kyrkor som vill samverka med offentliga sektorn eller mer aktivt vill profilera sin verksamhet som en del av samhällets välfärd finns det anledning att förhålla sig kritiskt till kravet på mätbarhet. Vikten av mätbarhet ökar i takt med graden av hybridisering, det vill säga när en organisation blir en välfärdsaktör som mer eller mindre i sina verksamhetsformer övertar socialtjänstens ansvar och uppdrag. Utgångspunkterna för det man vill undersöka avgör hur frågorna ställs och som man frågar får man svar.

Intresset för att presentera resultat är ofta relaterat till målet om effektivisering som är en del av styrfilosofin New public management (som beskrivits i kapitel 2). Mätbarheten är ett led i uppföljning och utvärderingar som syftar till kontroll och rapportering av tydliga resultat. Även om fokus ligger på kvantitativa enheter i form av siffror benämns ofta sådant arbete i termer av kvalitet, till exempel kvalitetssäkring.

> I stället för kvalitetsarbete som utvecklar verksamheten har kvalitetsarbetet därmed många gånger blivit ett granskningsarbete där en minimistandard ska visas utåt. Kvalitetsarbetet handlar därmed inte längre om en socialt komplex verklighet utan bara om det som låter sig planeras, följas upp och mätas på ett enkelt sätt. Det innebär att det som inte kan mätas inte heller är synligt. Sådant som vårdpersonalens förmågor till empati och lyhördhet försvinner från dagordningen och antal besök eller diagnoser hamnar i fokus (Bornemark 2018, s. 53).

En viktig indikator i många utvärderingar är kundnöjdhet. Det kan enkelt mätas och beskrivas i objektiva resultat. X antal eller procent är mycket nöjda etcetera. Syftet är ofta att skapa (kostnads)effektivisering och resultat för interna och externa jämförelser. Men att mäta subjektiva upplevelser av meningsfullhet eller livskvalitet är mer problematiskt. Det går enkelt att mäta antal besök i en viss verksamhet, men att mäta exempelvis empati, lyhördhet och omsorg, som är grunden i socialt arbete i kyrklig regi, kan inte graderas i enkla resultat och resultatredovisningar och i form av standardiserade nyckeltal.

Resultat är kortsiktiga, objektiva beskrivning av vad som gäller här och nu. De kan ha ett visst informationsvärde om en verksamhet. Begreppet effekter är dock mer knutet till beskrivning av processer och exempelvis människors subjektiva upplevelser och förståelse, vilket ger en djupare och mer ingående kunskap om innebörden och betydelsen av verksamheten.

Jonna Bornemark inleder sin bok, *"Det omätbaras renässans"* med en kort beskrivning från en rikskonferens om kvalitet i äldreomsorgen. Föreläsaren avslutar med råd till konferensdeltagarna om hur de på bästa sätt ska lyckas med att beskriva resultat, kunna jämföra dem och vikten av att ta sig tid och rapportera i det beskrivna systemet. På den sista power-point-bilden anges följande: "Vad ni än gör, vårda era kvalitets-register!" En deltagande chef i konferensen suckar (tydligen något uppgivet): "Och jag som trodde att det var de äldre vi skulle vårda". Exemplet illustrerar det som många kritiker påpekat. Kraven på resultatstyrning och mätbarhet i offentlig och närings-livsverksamhet är kontraproduktiv. Det som syftar till kostnads-effektivisering skapar istället byråkratisering – eller enligt Borne-mark, så kallad "förpappring".

Inom ramen för ett forskningsprojekt vid Uppsala universitet, "Impact of Religion: Challenges for Society" har publicerats en antologi, *"Välfärdsinsatser på religiös grund. Förväntningar och problem"* (2014).[45] I sista kapitlet hävdas att Svenska kyrkan har goda förutsättningar att fungera som en viktig aktör i samhället för att främja välfärden (exempelvis inom äldreomsorgen), bland annat genom en hög grad av professionalisering med många

---

[45] Innehållet i publikationen riktar främst fokus på Svenska kyrkans möjlighet och utmaningar som välfärdsaktör i samhället.

anställda diakoner. Författaren höjer dock avslutningsvis ett varningens finger:

> Man kan inte låta bli att hysa misstanken att en satsning på rollen som producent på välfärdsmarknaden kanske är "istället för" den omsorg genom tillhörighet och gemenskap som kyrkan inte har lyckats skapa/.../ och vad händer med det *religiösa* i allt det här – det som ger kyrkans dess röst, dess särart och faktiskt dess raison d´être [existensberättigande]? Det är angelägna frågor (Jeppsson Grassman 2014, s. 303).

Poängen i det ovan beskrivna är att peka på utmaningar som inrymmer som behöver hanteras när social verksamhet i kyrklig regi ska startas upp och pågående verksamhet ska utvecklas. Kravet på resultat och anpassning till den offentliga resultat- och målstyrningsfilosofin behöver synliggöras och den egna verksamheten tydliggöras i förhållande till förväntningar och krav som riktas. I det här sammanhanget finns det också anledning att referera Jesu ord i Matteus 25:40: "Vad ni har gjort för en av dessa mina minsta... det har ni gjort för mig". Kvalitet går inte mäta i enbart antal.

I forskningssammanhang är det vanligt att skilja på kvantitativa och kvalitativa metoder. Förenklat kan man säga att om man är intresserad av att göra en kartläggning och få en översiktlig kunskap inom ett visst område är kvantitativa metoder att föredra. Ofta används enkäter för att få bred kunskap som sedan kan fördjupas genom att göra intervjuer, ibland kombinerat med observationer. I andra sammanhang identifieras problem, personers motivation, känslor med mera genom enskilda intervjuer eller så kallade fokusgrupper (kvalitativ metod), där sedan utfallet kan utgöra underlag för frågeställningar i en enkät. Ett observandum som dock förtjänar att upprepas: som man frågar får man svar.

Exempel från kyrkligt socialt arbete

I en enkätundersökning 2023 inom Räddningsmissionen fick frukostcaféets gäster besvara frågan om vilken betydelse caféet har för dem. Medelvärdet blev 8,6 på en tiogradig skala där 10 motsvarade absolut avgörande betydelse (=livsviktig). Frukosten upplevdes viktig av 88 procent av de tillfrågade och samtal med personal betonades av 40 procent. Enkäten visade att även gemenskapen är viktig för gästerna. 65 procent av besökarna uppgav gemenskap som anledning till varför de besöker caféet.

I Lightverksamheten genomfördes under våren 2024 en enkätundersökning som besvarades av 71 personer.[46] Här var syftet att ta reda på:

- Viken betydelse har verksamheten för gästerna?
- Kommer gästerna enbart för att hämta eller köpa billig mat?
- Är gudstjänsterna viktiga som motiv för gästerna att komma till verksamheten?
- Vad har gästerna för bakgrund (kön, ålder, bostadsförhållande mm)?
- Hur bedömer de sin ekonomiska situation?

Målgrupperna är lite olika i de båda verksamheterna. Till caféet i Räddningsmissionen kommer fler med missbruksproblem och

---

[46] 57 personer som besvarat enkäten har gjort det i samband med samling en måndagskväll, övriga i samband med lunchverksamheten en fredag.

hemlöshet. Till Lightverksamheten på måndagskvällar kommer fler med någon form av ordnat boende och en stor andel utrikes födda (varav drygt 20 från Ukraina). Cirka 30 procent är födda i Sverige men nästan dubbelt så många är svenska medborgare. Gruppen från Ukraina utgörs av nyanlända personer och är därmed inte svenska medborgare. Om man undantar den gruppen är ca 80 procent av besökarna svenska medborgare.[47]

De båda undersökningarna pekar på likartad upplevelse av dess betydelse för gästerna, 8,5 på en tiogradig skala i Light-verksamheten. Varför har den då så stor betydelse? Vad är motivet för att besöka verksamheten? Maten är viktig i båda verksamheterna men också gemenskapen värderas högt. Mer än 70 procent av gästerna i Lightverksamheten på måndagar uppger att de är oroliga för sin ekonomi. Det är därför logiskt att 2/3 av gästerna anger maten som motiv för att besöka verksamheten. Men det kan noteras att nästan lika många har satt kryss i rutan för gemenskap som för maten. Gemenskap och samtal är viktiga motiv för gästerna. Elva personer har kryssat enbart alternativet gemenskap medan åtta personer enbart satt kryss för maten.[48] Lightverksamheten förknippas och uppfattas ofta som liktydigt med matutdelning, men enkäten visar att den sociala dimensionen är lika viktig. Gudstjänsterna, som inleder samlingarna och inrymmer mycket sång och musik, värderas också högt. Mer än

---

[47] Det kan beskrivas som att flertalet gäster som deltar dessa kvällar är "invandrare/utlänningar" men lika sant är ju att de flesta per definition är "svenskar". De är svenska medborgare och har bott en längre tid i Sverige.

[48] Alternativen i enkäten är: Maten, Gemenskap, Samtal, Gudstjänst, Miljön (lokaler), Annat skäl.

hälften anger det som ett motiv för att besöka verksamheten. Det resultatet ligger också i linje med det faktum att i stort sett alla som kommer till samlingen med fika och matutdelning även brukar delta i gudstjänstdelen i kyrksalen.

De flesta är oroliga för sin ekonomi och det är bara några få som tycker att den är ganska eller mycket bra. Drygt 1/3 upplever sin livssituation som mer eller mindre svår, 1/3 att den är ganska okej medan knappt 30 procent anser att livssituationen är ganska eller väldigt bra. I gruppen från Ukraina är nästan alla oroliga för sin ekonomi men bara 1/3 utrycker att deras livssituation är mycket eller ganska svår. Hur kan man tolka detta? Sannolikt handlar det om att erfarenheten av livssituationen i Ukraina i krigets fotspår är så mycket värre. Det är vanligt att människor anpassar sina referensramar utifrån sin faktiska levnadssituation och yttre livsvillkor. De kan vara nöjda med livet trots att de saknar grundläggande friheter och rättigheter.

I den här typen av undersökningar kan man inte säga något om vad som är orsak och verkan.[49] En slutsats är dock att de båda verksamheterna har stor betydelse för målgruppen och att verksamheterna i Räddningsmissionen och Light fyller en viktig funktion, även som social mötesplats. I Lightverksamheten utgör alltså även gudstjänstdelen ett viktigt motiv för att delta.

---

[49] Statistiska analyser kan göras i form av exempelvis regressionsanalys. Data matas in digitalt i ett statistikprogram för att ta reda på bakomliggande faktorer till ett visst resultat. Ex. syftet att studera en positiv bedömning av deltagande i en viss social verksamhet (= beroende variabel). Oberoende variabler är faktorer som kan ha olika förklaringsgrad till resultatet.

Lightverksamheten är öppen för alla med gratis utdelning av matkassar för de som kommer till samlingen på måndagar. På onsdag/fredag kommer några som får äta lunch gratis medan andra betalar. Är det flera av de som kommer som egentligen inte kan beskrivas som behövande? Enkätresultatet tyder inte på det. Det är bara två personer som uppgett att deras ekonomi är mycket bra, fem personer har tillfälligt eller fast arbete av totalt 71 som besvarat enkäten. 1/3 har inkomst via pension och drygt hälften har inkomst via försörjningsstöd, som asylsökande, via försäkringskassan etcetera.

En viktig utgångspunkt i enkäten i Lightverksamheten var att den skulle vara lätt att besvara genom att markera kryss i rutorna för alternativa val. Den översattes också till ryska för att underlätta för deltagarna från Ukraina, som alla är rysktalande. Om enkäten först utprovats på några personer – vilket är att rekommendera – kanske en fråga hade tillkommit: "Hur många gånger har du besökt Lightverksamheten det här året (2024)?". Samtidigt var det ett mål att begränsa enkäten till max två sidor – allt i syfte att få högt deltagande i genomförandet.[50] I den lilla gruppen som besvarat enkäten vid lunchverksamheten (14 st) är medelvärdet 9 (mot 8,5 för hela gruppen) på frågan "Vilken betydelse tycker du att har Lightverksamheten har för dig?" Skillnaden i resultatet är marginell. Det resultatet är dock intressant av följande skäl: svaren i övrigt tyder på att gästerna vid lunchen har det bättre materiellt och socialt sett (bostad, ekonomi, svenskt medborgarskap mm) men samtidigt betyder Light faktiskt än mer än för övriga. Enkäten visar att dessa gäster

---

[50] Svarsfrekvens om 70% i enkätstudier brukar kunna ge bra informationsvärde. I denna enkät är den betydligt högre.

tillmäter gemenskapen lika viktig betydelse som maten för att besöka till verksamheten. "Jag bor ensam och gemenskapen betyder allt för mig. Jag trivs med livet på grund av gemenskapen" (pensionär). Ett annat skäl kan vara att en större andel av de som besvarat frågan vid lunch brukar komma mer regelbundet till Lightverksamheten än de som besöker samlingen på måndagar.

Den grupp som har det tuffats bland de utrikes födda är de asylsökande från Ukraina (61 kr/dag som ensamstående). Förutom två personer, som har tillfälligt arbete, uppger nästan samtliga att de har stor oro för sin ekonomi och har angett maten som motiv för att besöka verksamheten. Det är dock bara tre personer som angett enbart maten som motiv. Det är helheten i form av maten, gemenskap, samtal och gudstjänster som är lika viktiga. I gruppen från Ukraina finns tre ingenjörer, ekonomer, lärare och personer som arbetat inom vården. Flera ger uttryck för viljan att komma in i arbetslivet i Sverige och deltar i språk-undervisning.

Sammantaget ger studien en översiktlig bild av de som besöker verksamheten, men den ger ingen information som kan följas upp på individnivå eftersom enkäten fyllts i konfidentiellt. Det mer situationsspecifika och kontextuella om de enskilda personernas livsvillkor och livssammanhang framgår inte. Vad tillför en sådan här undersökning? Informationen kan utgöra en plattform för verksamheterna och dess utveckling. Den är dock bara i det här fallet ett slags "kvitto" på gästernas könsfördelning, bostadsförhållanden, födelseland och medborgarskap, motiv för att delta och bedömning av dess betydelse samt den egna ekonomiska situationen. Allt detta kan beskrivas i siffror på kollektiv nivå. De anger ATT något förhåller sig ett visst sätt hos deltagarna i undersökningen, men HUR och VARFÖR i form av erfarenheter och förståelse, värderingar och normer kräver andra metoder. Livets verklighet är komplext och låter sig inte fångas som enkla kunskapsbitar i ett pussel. Här behöver ställas frågor som exempelvis: Hur har din livssituation påverkats/förändrats genom att delta i verksamheten? Hur kommer gemenskap/omsorg/bemötande etcetera till uttryck i verksamheten? Svar på sådana frågor kan inte enkelt beskrivas i jämförbara nyckeltal utan kräver beskrivningar och analyser av människors upplevda och erfarna livsvärld. Här finns anledning att återkoppla till frågor som belysts i kapitel 3 och 4. Hur präglar organisationskulturen verksamheten i form av värden, värderingar och normer? Vad är (värde)grunden hos medarbetarna i deras bemötande och handlingar? Hur visar sig detta i besökarnas beskrivna erfarenheter?

Alltför stort fokus på resultat och effekter kan förminska medarbetares engagemang – framför allt om skälet är knutet till krav från offentliga bidragsgivare eller andra utomstående. Fokus i sådan här verksamhet måste vara att möta individer utifrån deras unika livssituationer och behov. Grunden för detta har framför allt beskrivits i kapitel 3. Till detta kan läggas: "Slutar man tro på tron försvinner snart glädjen och engagemanget. Legitimiteten urholkas. Vem vill vara en del i en rörelse som i själva verket är en kamouflerad statlig myndighet?" frågar Joel Halldorf (2019, s. 127), och menar att kyrkor och religiösa samfund, likt konsten, måste värna om sin frihet. Att förmedla tro, hopp och kärlek är det primära och ett frihetsbudskap som kan förändra liv.

Avslutande reflektioner

Som framgått i boken är jag i hög grad "part i målet". Innehållet är baserat på mina värden och värderingar och därmed syn på världen och verkligheten. Min text bygger på några års erfarenheter av ledning och arbetsinsatser inom socialt arbete i kyrklig regi. Jag har också sedan barnsben varit engagerad i kyrklig verksamhet. Men jag har också arbetat med forskning och utvecklingsarbete i yrkeslivet. Att ha tillgång till människor, livssituationer och förhållanden och komma på insidan i en verksamhet är inte självklart för en forskare. I det sammanhanget talas ibland om "gatekeepers", det vill säga dörrvakter som hindrar att studera situationer som man vill granska. Som forskare eftersträvar man både att ha närhet till det som ska studeras och samtidigt ha distans till det man vill beskriva och analysera. Det senare betyder att ha ett konstruktivt kritiskt förhållningssätt till det som framkommer i en studie. I vilken utsträckning detta genomsyrar innehållet i denna bok är upp till dig som läsare att bedöma. Ambitionen är dock att bidra till utveckling inom det området som beskrivs, socialt arbete i kyrklig regi. Det kan göras genom att bidra med egna och andras erfarenheter men också genom analyser av det som är underliggande, ibland osynligt eller otydligt – inte minst forskningsresultat kan bidra till att tydliggöra och synliggöra förhållanden och öka förståelsen för det komplexa.

När en känd filosof en gång fick ett brev av en god vän besvarade han det på följande sätt: "Jag ber om ursäkt att det blir ett långt brev men jag har ont om tid". Det exemplet har jag ofta använt som kommentar till studenter i högskolevärlden i samband med handledning av examensarbeten och i forskarutbildning. I de sammanhangen är det en dygd att eftersträva skrift som är koncis och någorlunda kortfattad men som också är tydlig med sina utgångspunkter och perspektiv. Den ambitionen har också eftersträvats i min text. Du som läsare får också bedöma i vilken utsträckning det har präglat texten. Men forskning är att stå på varandras axlar, vilket betyder att man bygger vidare och sista ordet är aldrig sagt. Det finns alltid mer att tillägga och utveckla. Det gäller också innehållet i denna bok.

Till slut: om den här texten har betytt något positivt i ett eller annat avseende för dig som läsare så ska du inte sända en tacksamhetens tanke till mig utan främst till de goda medarbetare som jag haft möjlighet att samarbeta med. Utan dessa och berikande erfarenheter i det gemsamma arbetet hade den här boken aldrig blivit till. Kritiska synpunkter och ifrågasättande som ibland framkommit hos andra om sådan här verksamhet har också triggat mig att skriva denna bok.

While women weep, as they do now, I'll fight;
while children go hungry, as they do now I'll fight;
while men go to prison, in and out, in and out, as they do now,
I'll fight;
while there is a poor lost girl upon the streets,
while there remains one dark soul without the light of God,
I'll fight.
I'll fight to the very end!

(William Booths sista officiella tal, 9 maj 1912 i Royal Albert hall i London (tre månader innan han dog, 83 år gammal).

Källa: General William Booth and the 'I'll Fight' address | Caring Magazine

Referenser

Abrahamsson. H. (2019). *Vår tids stora omdaning. Om konsten att värna demokrati och social hållbarhet.* Göteborg: Korpen.

Accent (2021). *Därför sviker unga rörelsen* (nr 2/ 2021, s. 40). IOGT-NTO.

Bibel 2000.

Bornemark. J. (2018). *Det omätbaras renässans. En uppgörelse med pedanternas världsherravälde.* Stockholm: Volante.

Bååth, H. (2018). *En kyrka med omfattande socialt arbete En analys av Frälsningsarméns självförståelse.* Uppsala universitet, Teologiska institutionen.

Bäckström, A. (2014). Svenska kyrkan som tillitsmakare och religiöst problem i välfärden. I: A, Bäckström (red), *Välfärdsinsatser på religiös grund. Förväntningar och problem.* Skellefteå: Artos.

Claesson, U. (2013). Habermas, kyrka och offentlighet - ett historiskt perspektiv på religionens återkomst. I: Stenström, H. (red.), *Religionens offentlighet - Om religionens plats i samhället.* Skellefteå: Artos.

Dreamcenter (2024). Stadgar.

Evangelii Härold (1916). Filadelfiaförsamlingens i Stockholm Räddningsmission. *Evangelii Härold* 1916-01-05.

Evangelii Härold (1933). Nöden i Stockholm, *Evangelii Härold* 1933-01-26 (nr 4).

Evangelii Härold (1933). Filadelfiaförsamlingens i Stockholm årsmöte. *Evangelii Härold* 1933-01-19 (nr 3).

Frälsningsarmén (2024). *Årsberättelse 2023.*
  Tillgänglig via: fa_yearbook23_web_new2.pdf (fralsningsarmen.se)

Försäkringskassan (2024). *Socialförsäkringen i siffror 2024.* Tillgänglig via: Socialförsäkringen i siffror - Försäkringskassan (forsakringskassan.se)

Grenholm, C-H. (2013). Människolivets okränkbarhet – var går gränsen? I: H. Stenström (red), *Religionens offentlighet. Om religionens plats i civilsamhället.* Skellefteå: Aros.

Göteborgs Stad (2023) *Jämlikhetsrapporten 2023. Skillnader i livsvillkor och hälsa i Göteborg.* Göteborg, Stadsledningskontoret.

Halldorf, J. (2022). *Gud: Jakten. Existentiell svindel i tjugoförsta århundradet.* Stockholm: fri tanke.

Halldorf, J. (2019). *Gud: Återkomsten.* Stockholm: Libris.

Hansen, P. (2022). *Migrationsmyten. Sanningen om flyktinginvandringen och välfärden – ett nytt ekonomiskt paradigm.* Stockholm: Leopard.

Hedin, C. (1999). Värdegrunden och samhällsmoralen. *Religion och Livsfrågor nr 4, s.*16-22. Föreningen Lärare i Religionskunskap.

Jacobsson, K. & Sandstedt, E. (2010). Medborgerligt medvetande och social sammanhållning. I: K. Jacobsson (red), *Känslan för det allmänna. Medborgarnas relation till staten.* Umeå: Boréå.

Johansson, H. & Meeuwisse, A. (2017). Socialt arbete i civilsamhället: mikro-, meso- och makro-teorier (kap 3). I: S. Linde & R. Scaramuzzino (red), *Socialt arbete i civilsamhället – aktörer, former och funktioner.* Lund: Studentlitteratur.

Jeppsson Grassman, E. (2014). Vilken väg? Svenska kyrkans omsorg i en av välfärdsförändringar. I: A. Bäckström (red), *Välfärdsinsatser på religiös grund. Förväntningar och problem.* Skellefteå: Artos.

Kallifatides, M. & Sjöberg, S. (2023). *Alla får det inte bättre.* Katalys, rapport nr 112. Tillgänglig via: No-112.Alla-far-det-inte-battre_digital.pdf (katalys.se)

Kemp. P. (1991). *Det oersättliga. En teknologietik.* Eslöv: Symposion.

Kommunallag (2017:725). Stockholm: Regeringskansliet.

Larsson, M. (2024). Regeringens biståndspolitik är tondöv. *Tidningen SYRE 2024-01-23.*

Leis-Peters, A. (2014). På väg mot en tysk (välfärds)modell? Reflektion kring möjliga nya vägval för Svenska kyrkan. I: H. Stenström (red), *Religionens offentlighet. Om religionens plats i civilsamhället.* Skellefteå: Aros.

Linde, S. (2010). *Församlingen i granskningssamhället.* Lunds universitet, Socialhögskolan.

Linde, S. & Scaramuzzino, R. (2017). Det civila samhällets historia – begreppet, fenomenet och debatten (kap 2) I: S. Linde & R. Scaramuzzino (red), *Socialt arbete i civilsamhället – aktörer, former och funktioner.* Lund: Studentlitteratur.

Lindkvist, B. (1991). *Förädlade svenskar – drömmen om att skapa en bättre människa.* Stockholm: Alfabeta.

Luther, M. (1543). *On the Jews and their lies.* [ref. i "Antisemitism. A history portrayed" av J. Boonstra, H. Jansen & J. Kniesmeyer (eds.). Amsterdam: Anne Frank Foundation]

Løgstrup, K. E. (1994). *Det etiska kravet.* Göteborg: Daidalos.

Magnusson, A. (2024). *Kravsamhället. Hur allt blev ditt fel.* Stockholm: Ordfront.

Magnusson, A. (2022). *När Humanismens fördämningar brister. Personer och partier som drogs med.* Stockholm: Ordfront.

Nystarapporten (2021). *Nystarapporten. Civilsamhällets svar på hur vi kan stärka samhällskontraktet, demokratin och välfärden.* (publ. av Civos, Giva, Famna, Forum och Fremia). Tillgänglig via: https://nysta.nu/v-rt-material/nystarapporten

Ofstad, H. (1990a). *Vi kan ändra världen. Hur bör vi ställa frågorna?* Stockholm: Prisma Magnum.

Ofstad, H. (1990b). *Vårt förakt för svaghet.* Stockholm: Prisma Magnum.

Orlenius, K. (2022). *Stöd och bidrag till civilsamhället. En utredning om förändrade former i Falköpings kommun för att främja samarbetet med civilsamhället* (rapport).

Orlenius, K. (2020). *Socialt hållbart Borås - att gå från policy till praktik. En metaanalys av kommunalt utvecklingsarbete om social hållbarhet i Borås* (rapport, december 2020).

Orlenius, K. (2020). *NAD i VÄST. Samverkan offentlig sektor och föreningslivet för att främja nyanländas etablering i samhället.* (Följeforskningsrapport, februari 2020). Region Västra Götalands forskningsråd för interkulturell dialog (FID), Högskolan i Borås.

Orlenius, K. (2013). *Värdegrunden – finns den?* (orig. 2001) Stockholm: Liber.

Orlenius, K. & Bigsten, A. (2016). *Den värdefulla praktiken. Yrkesetik i pedagogers vardag* (orig. 2006). Stockholm: Liber.

Orlenius, K., Levinsson, M., Aldrin, V. & Strömberg, M. (2018) *Samverkansmodell asylsökande och nyanlända* (slutrapport). Högskolan i Borås, Västra Götalandsregionen och VGR:s forskningsråd för interkulturell dialog.

Papakostas, A. & Kings. L. (2021). *Coronapandemin och det ömsesidiga beroendet. Reflektioner över civilsamhällets roll i den segregerade staden.* (Delegationen mot segregations artikelserie, nr 15).

Penner, L. (2002). Dispositional and Organizational Influences on Sustained Volunteerism: An Interactionist Perspective. *Journal of Social Issues, 58* (3), 447–467.

Prop. 2009/10:55. En politik för det civila samhället.

Putnam, R. (2000). *Bowling Alone. The Collapse and Revival of Amer Community*. New York: Simon & Schuster.

Regeringen (2017). *En politik för engagemang – långsiktighet och oberoende för civilsamhället* (Skr. 2017/18:246).

Räddningsmissionen (2017). Stadgar.

SCB (2022). *Sverige ett av de länder i EU med störst skillnader mellan inrikes och utrikes födda som lever i materiell och social fattigdom*. Tillgänglig via: Sverige ett av de länder i EU med störst skillnader mellan inrikes och utrikes födda som lever i materiell och social fattigdom (scb.se)

Schein, E. (1985/2017). *Organizational Culture and Leadership (5th Ed.)*. New Jersey: John Wiley & Sons, Inc.

Scaramuzzino, R. & A. Jönsson (2017). Samverkan, dialog och styrning – integration av nyanlända i förening. I: S. Linde & R. Scaramuzzino (red), *Socialt arbete i civilsamhället – aktörer, former och funktioner* (kap 7). Lund: Studentlitteratur.

Scaramuzzino, R. & A. Meeuwisse (2017). En svensk modell för civilsamhället? Organisationer inom det sociala området. I: S. Linde & R. Scaramuzzino (red), *Socialt arbete i civilsamhället – aktörer, former och funktioner* (kap 4). Lund: Studentlitteratur.

SFS 2011:109. Regeringsformen.

SOU 1993:82. Frivilligt socialt arbete. Kartläggning och kunskapsöversikt. Stockholm: Fritzes.

SOU 2016:13. Palett för ett stärkt civilsamhälle.

SOU 2017:4. För en god och jämlik hälsa. En utveckling av det folkhälsopolitiska ramverket (Delbetänkande av Kommissionen för jämlik hälsa).

SOU 2018:47. Med tillit växer handlingsutrymmet – tillitsbaserad styrning och ledning av välfärdssektorn.

Stadsmissionen (2023). *Fattigdomsrapporten 2023*. (Rapport 9/23). Sveriges stadsmissioner.

Stier, J. (2004). *Kulturmöten. En introduktion till interkulturella studier.* Lund: Studentlitteratur.

von Essen, J. & Svedberg, L. (red). (2020). *Medborgerligt engagemang 1992-2019* (forskningsrapport, nr 98). Ersta Sköndal Bräcke högskola (numera Marie Cederschiöld Högskola).